자장율사 사릿길 탐사기

불성의 향기를 찾아서

불성의 향기를 찾아서
자장율사 사릿길 탐사기

초판 1쇄 발행 2024년 11월 22일

지은이 권오찬
펴낸이 장길수
펴낸곳 지식과감성#
출판등록 제2012-000081호

교정 한장희
디자인 강샛별
편집 강샛별
검수 주경민, 정윤솔
마케팅 김윤길, 정은혜

주소 서울시 금천구 벚꽃로298 대륭포스트타워6차 1212호
전화 070-4651-3730~4
팩스 070-4325-7006
이메일 ksbookup@naver.com
홈페이지 www.knsbookup.com

ISBN 979-11-392-2225-8(03810)
값 15,000원

- 이 책의 판권은 지은이에게 있습니다.
- 이 책 내용의 전부 또는 일부를 재사용하려면 반드시 지은이의 서면 동의를 받아야 합니다.
- 잘못된 책은 구입하신 곳에서 바꾸어 드립니다.

지식과감성#
홈페이지 바로가기

자장율사 사릿길 탐사기

불성의 향기를 찾아서

권오찬 지음

"자장 스님의 길을 따라
지혜를 구하라"

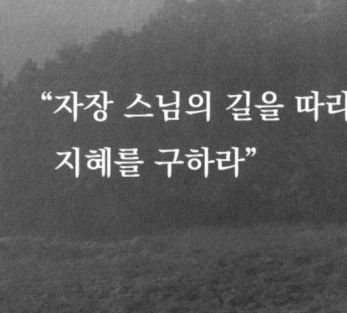

서문

　세월의 시계를 거꾸로 돌려 맞춘다.
　천사백 년 전으로 시간여행을 떠나자.
　이 책은 신라 선덕여왕 때 자장 스님이 중국 당나라에서 신라로 귀국하면서 부처님 진신사리와 가사 장삼, 불경을 가지고 오시면서 걸어오셨던 길을 찾아 도보 답사하는 기행 시조집이다.
　요즈음, 이 바쁜 세상에 먼 길을 걸어서 도보로 다니고 이제는 거의 잊힌, 정형된 틀에 짜인 시조를 읊조리는 시대착오적인 행동이 쉬운 일은 아니었다.
　한 걸음, 한 걸음 걸어가면서 내가 자장 스님이 되어 어느 길을 어떻게 걸었을까? 그때의 자연 지리적 환경은 어떠하였고 시대적 배경은 어떻게 전개되었을까?
　보이지 않는 것을 볼 수 있도록 지혜를 구하고 전설같이 전해 내려오는 설화와 구전을 지리적으로 대입하여 스님이 다니신 길을 유추한다.
　신라의 전 국토를 불국토로 형상화하여 삼국 통일의 초석을 마련한 자장 스님의 진신사리 길을 따라가면서 나도 문

수보살을 기다리는 자장 스님이 되었다.

 "아상도 모르면서 어찌 문수를 보려 하느냐." 하는 반문을 떠올리며 산골짝 촌부가 쓴 부족한 글로 독자들에게 조심스럽게 다가갑니다.
 이 필자의 작은 바람이 있다면 독자 모두가 깨달은 부처가 되어 각자 마음의 진신사리를 가꾸고 키워 대한민국 전국토에 마음의 진신사리를 봉안하시는 것입니다.

* * *

길 위에 길을 찾아 길 떠난 나그네야

오고 갈 길을 몰라 세월에 물어보며

덮혀진 세월 이끼를 걷어 볼까 하노라

저자의 서문에 즈음하여

    절터 한쪽 구석에 남겨진 돌미륵.
    더러는 마을 입구 한편에 버려진 듯 놓인 돌미륵을 예전에는 심심찮게 본 적이 있었다. 무심한 형상에는 온갖 희로애락의 얼굴이 보인다. 올려다보면 가슴을 저며 오는 슬픔이 있고 내려보면 자비의 눈길로 세상을 바라보는 한없이 자애로운 어머니가 계신다.
    옆모습과 뒷모습은 또한 어떠한가. 보는 사람의 시각이나 생각에 따라 천변만화하는 만상인 것을….
    아, 글을 쓴 저자는 참으로 돌미륵 같은 친구다. 아무리 즐겁고 기쁜 일이라도 씨익 웃거나 미소 짓는 게 다다.
    살다 보면 더러 짜증 나고 화나는 일이 얼마나 많겠는가. 한 번도 남을 욕하거나 남을 힐뜯고 큰 소리로 다투는 것을 본 적이 없다. 그저 묵묵히 말이 없다.
    아무튼 칠십 평생 한결같은 친구이니 어찌 돌미륵으로 볼 수밖에 없지 않겠는가.

    그런데 어느 날 이 친구가 큰일을 냈다.

멋진 글을 썼다.

그것도 주옥같은 시조와 가슴에 절절히 와닿는 기행 수필을 한데 묶어 내놓았다.

첫 산고의 고통과 아픔, 질곡의 기나긴 난관을 거쳐….

다소 문장이 거칠고 문맥이 맞지 않더라도 독자 제현께서는 부디 양해하시라.

칠순도 훨씬 넘은 친구가 수천 리 길을 눈비를 맞아 가며 한 걸음 한 걸음 걸어서 고행을 절차탁마한 결과물이기에…. 글 속에서 저자의 담담하면서도 굳건한 소신과 자신만의 철학과 종교관을 엿볼 수 있다.

또한 이 저서의 근거에는 역사와 종교와 인간의 삶을 넘나들며 우리 민족의 정신과 혼과 얼이 맥맥이 흐른다. 평범한 문장과 글귀에도 미래에 대한 예지와 따사한 시각으로 바라보는 지나온 삶을 바탕으로 뿌리 깊은 저자의 성찰이 숨어 있다.

독자 제현이여,
 한 가지 바람이 있다면 이 저서에서 부처님께 바친 연등 중에 가장 보잘것없는 이가 바친 등불이 내내 꺼지지 않고 사위 중생을 향해 비춘 것처럼 꺼지지 않는 불씨로 남아 주위와 사회를 밝히는 등불이 되시기를….

독자 제현이시여,
 이 글을 읽으시고 모두 성불하시라….

李賀 書

목차

서문	4
저자의 서문에 즈음하여	7
첫 번째 자락	14
두 번째 자락	18
세 번째 자락	22
네 번째 자락	25
다섯 번째 자락	29
여섯 번째 자락	33
일곱 번째 자락	37
여덟 번째 자락	40
아홉 번째 자락	42
열 번째 자락	44
열한 번째 자락	48
열두 번째 자락	53

열세 번째 자락	56
열네 번째 자락	60
열다섯 번째 자락	64
열여섯 번째 자락	68
열일곱 번째 자락	71
열여덟 번째 자락	75
열아홉 번째 자락	79
스무 번째 자락	83
스물한 번째 자락	88
스물두 번째 자락	92
스물세 번째 자락	97
스물네 번째 자락	102
스물다섯 번째 자락	109
스물여섯 번째 자락	114
스물일곱 번째 자락	118

스물여덟 번째 자락	123
스물아홉 번째 자락	126
서른 번째 자락	128
서른한 번째 자락	139
서른두 번째 자락	142
서른세 번째 자락	149
서른네 번째 자락	156
서른다섯 번째 자락	164
서른여섯 번째 자락	172

첫 번째 자락

 10월 상달, 여기는 영광 법성포다.
 오늘은 10월 3일 하늘이 열린 날이다. 마음을 열고 상상의 나래를 펼치는 첫날이기도 하다.
 아침 햇살이 눈부시다. 단풍나무 가지 사이로 햇살이 부서진다. 해는 저 멀리 동녘에 있지만 갈라진 햇살은 아침을 밝힌다.
 불기 2,567년 부처님은 서역 땅 인도에 계셨지만 동녘 땅 한반도에 오셨던 햇살 같은 스님들은 이 땅에 불교를 전파

하시고 불국토를 만드셨다.

 약 1,400년 전 중국에서 한반도로 돌아온 한 스님의 부처님 사릿길을 머릿속 상상으로만 가지고 있다가 실제 답사를 하려고 마음의 문을 열고 한 걸음 한 걸음을 내딛기 시작하였다.

 내가 영광 법성포를 신라 시대 자장율사 도보 답사 출발지로 선택한 이유는 고대 삼한 시대로부터 백제 삼국시대까지는 법성포구가 해외 무역의 중심지로 중국과 교역 및 일본, 신라 등을 잇는 국제 무역항이기 때문이다.

 법성포에서 도보로 하룻길인 청량산 자장굴은 자장율사가 중국에서 돌아오면서 처음으로 7일 기도를 한 동굴로 그곳에서 현몽하여 문수보살 입상을 발굴하고 문수사를 창건한다.

 문수사와 자장굴이 있는 곳에서 가장 가까운 포구가 바로 법성포 포구이다.

 이 법성포 포구는 자장율사 이전 약 250년 전 동진의 승려 마라난타가 처음으로 불교를 백제에 전파한 유서 깊은 곳이다.

 자장율사가 귀국하면서 어느 곳으로 왔다는 기록은 없지

만 상상의 나래를 펼쳐서 주변 유적지와 설화를 유추해서 그곳이 영광군 법성포라 생각하고 도보 답사 첫 출발점으로 정했다.

앞으로 기나긴 도보 답사 예상 여정을 계획해 보면 법성포를 출발하여 익산을 지나 경주에서 양산을 거쳐 울산으로 동해를 따라 올라가 강원도 내륙에 있는 적멸보궁을 모두 답사할 예정이다.

마지막을 자장율사님이 모셔 오신 부처님 진신사리를 친견할 수 있는 고성 건봉사에서 긴 여정의 마침표를 찍으려 한다.

부처님 진신사리 길을 추적하고 자장 스님과 관계되는 유적지를 탐구하는 도보 답사가 몇 년의 시간이 걸릴지 모르지만 처음 한 걸음을 시작하는 것이 뜻깊은 일이 아니겠는가?

법성포 백제 불교 도래지에서 출발하여 공음면을 지나 대산면 소재지에서 1박을 하였다. 첫날 6시간을 도보 여정으로 생각했는데 몸이 따라 주질 않는다.

내일을 위하여 일찍 휴식을 취해야겠다.

***

법성포 포구에서 사리길 찾아 나서

몇천 리 여정인지 알 수는 없지마는

가슴 속 용솟음치는 끝이 없는 환희심

***

일천 년 세월 지나 또 삼백 육십여 년

여래님 정골 사리 가슴에 품고 오셔

문수산 자장굴에서 칠일 기도 올리네

두 번째 자락

고창군 고수면에 있는 청량산 문수사로 길을 잡았다.

고산 저수지를 지나 은사리에서 문수산 중턱까지 부지런히 걸어갔다.

이곳 문수사는 백제 의자왕 4년 자장율사가 중국에서 귀국하면서 자장굴에서 7일 기도 중 꿈속에서 문수보살을 만나 그 자리를 파 보니 문수보살 입상이 나와서 그곳에 세운 절이다. 자장굴에서 7일간 기도를 하면서 기다린 이유는 당

태종 이세민이 자장 스님에게 준 친서를 신라의 적국인 백제 의자왕에게 전달하고 백제를 통과할 수 있는 증표, 일종의 통행증을 기다린 것이다. 자장 스님이 10여 명의 제자와 짐꾼들을 데리고 백제를 무사히 통과한 것은 의자왕의 통행 허락이 있었다고 유추해 본다.

  지혜의 상징인 문수보살 입상을 만난다는 생각에 발걸음까지 가볍다.

  문수사 일주문에서부터는 단풍나무 군락지로 수령이 100년에서 300~400년 된 노거수가 있는 천연기념물 463호로 지정된 곳이다.

  문수사 주변이 천연기념물 보호 지역으로 출입이 금지되어 자장굴은 답사하지 못하고 문수사 대웅전과 문수전에 들어가서 3분의 1이 묻힌 문수보살 입상을 보고 마하반야의 지혜를 염원하며 기도를 드려 본다.

  문수사에서 오랫동안 시간을 보내서 문수사 아래 사하촌에서 1박을 하고 다음 날 고창으로 출발하였다.

* * *

은사리 고개 넘어 문수사 가는 길은

세월을 알 수 없는 노거수 단풍나무

자장굴 들려서 가면 문수보살 만나리

* * *

설화 속 문수 석상 자장님 만났으니

청량산 한 자락에 문수사 세우시고

마하법 법륜 속에서 중생제도 이루네

세 번째 자락

 오늘은 아침부터 목이 잠기고 발이 아프다. 삼 일간 도보 여행으로 약간의 무리가 있는 것 같다.
 국도와 지방 도로를 따라 걸어갈 때 차량 매연이 가장 큰 문제여서 오늘은 마스크를 두 개 겹쳐서 착용하고 발가락에

반창고를 감고 고창읍성인 모양성과 고인돌 유적지를 돌아보고 정읍으로 길을 잡았다.

자장율사가 문수산에서 고창, 정읍, 익산 미륵사지 왕궁리로 여정을 잡은 이유로 스님으로서 그 시대 최대 사찰인 미륵사를 보고 싶었을 것이고 또 신라 선덕여왕의 친동생이자 백제 무왕의 왕비였던 서동요의 주인공 선화공주의 안부가 궁금하였을 것이라고 상상의 나래를 펼쳐 본다.

전북 고창은 고대 삼한 시대 마한 부족 국가의 최초 수도일지도 모른다.

주변에 흩어진 고인돌 유적지를 보고 세월의 무상함을 느낀다.

* * *

은사곡 맑은 물에 비춰진 승포 자락

천수백 세월 속에 무엇을 보았는가

문수여 걸음 한 걸음 이 세상에 뵈옵길

* * *

청량산 뒤로 하고 모양성 찾아가니

여기가 인심 좋은 고창읍 저잣거리

코로나 역병 열풍에 인적마저 뜸하네

* * *

모양성 뒤로하고 성두교 지났을 때

육중한 세월 무게 고인돌 돌무덤들

흩어진 수천만 편린 무언으로 답하네

네 번째 자락

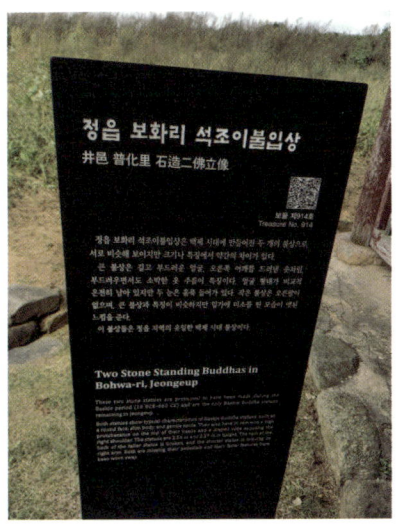

　보화리 석불 입상을 지나 정읍 땅에서 피곤한 몸을 쉬어야겠다.
　옛날 정읍은 드넓은 벽골제 호수의 남쪽 호남 지방의 물류 중심지로 담양과 순창 쪽 내륙지방 물류와 줄포 법성포 등의 해안지방 물류가 집결되는 집산지로 벽골제 호수의 북쪽 익산과 부여 공주로 연결되는 상업의 중심지였다.
　고대 백제 가요인 정읍사를 보면,

달님이시여, 높이금 돋으시어
아아, 멀리금 비치시라
어긔야 어강됴리
아으 다롱디리
…중략…

행상인 아내가 장사 나간 남편을 걱정하는 노래로 오늘날까지 전승되고 있다.

정읍 소성면 보화리 석조 이불 입상은 백제 시대에 조성된 불상으로 정읍 지역의 유일한 백제 불상이다. 석상의 눈과 팔이 훼손되어 있지만 입가에 지은 미소가 부드럽고 신비하다.

석상 앞에는 치성을 드린 분홍색 비단 보따리가 놓여 있고 주변 상사화 군락지에는 모든 상사화가 사그라진 후에도 10월 초 홀로 핀 한 송이 상사화가 무척 외로워 보인다.

또 정읍 고부면은 동학 농민혁명의 발상지로 고부현 농민들의 민란이 시작된 곳이다. 인본주의를 기반으로 인간 평등과 새로운 세상을 꿈꾸며 사회 개혁을 주장하는 동학교도들의 혁명적인 삶을 다시 한번 생각해 본다.

* * *

언덕 위 부처당에 여래님 두 분 서서

무엇을 꿈꾸시며 무엇을 기다리나

눈 없고 팔 없으면서 무엇인가 그 미소

＊＊

행상 간 남편 그린 망부석 설화 속에

면면히 이어 오는 정읍사 백제 노래

정읍 땅 어느 곳에서 하룻밤을 쉴거나

＊＊

옛 성터 고사부리 성황산에 묻혀 있고

고부현 옛 관아 터 초등교 마당일세

동학군 풀뿌리 혁명 황토현에 빛나네

다섯 번째 자락

 오 일간 도보 순례를 다잡아 걸었더니 양쪽 발바닥에 물집이 잡혔다. 바늘에 실을 꿰어서 물집을 통과하여 물을 빼고 실을 길게 하여 물집보다 크게 잘라 상처 난 곳을 소독하고 가제와 반창고를 붙였다.
 오늘은 하루 휴식을 취하면서 금산사와 벽골제를 차량으로 관광하기로 하였다.

금산사는 서기 599년 백제 시대 모악산 남서쪽 산기슭에 처음으로 창건되었고 이후 통일신라 시대에 승려 진표율사가 중창하여 사찰의 면모를 갖추고 미륵신앙의 성지로 자리매김하였다.

금산사의 미륵전과 방등계단 앞 5층 석탑이 가장 인상적이었다. 용화세계 미륵신앙과 위아래 사방이 평등한 방등계단은 계율의 단으로 승과 속이 하나 되어 계율을 받을 수 있는 곳이다.

사찰 경내를 나와서 사하촌 식당가에서 점심을 먹었다. 점심 메뉴는 산채비빔밥으로 반찬과 나물이 18가지에 된장찌개, 김치찌개, 김을 잘게 썰어 놓고 고추장 참기름까지 얹어서 나온다. 정말 착한 가격에 맛있는 한 끼였다.

오후에는 벽골제로 갔다. 규모가 큰 사적지라서 자전거를 빌려서 돌아보았다.

벽골제는 고대 농경사회의 벼농사와 직결된 사적지로 제방의 기초에 말의 푸른 뼈를 묻고 제방을 쌓았다는 전설과 벼 고을에 제방을 쌓아 벽골제로 명명되었다는 설이 있다.

정읍과 김제 사이 원평천을 끼고 벽골제방을 쌓고 넓은 인공호수를 만들어서 수리 시설로 이용한 고대인들의 토목 기술에 찬사를 보내며 지금도 벽골 호수 남쪽을 호수의 남쪽 호남 지방이라고 한다.

　지금은 이곳이 황금 들판이지만 1,400년 전에 이 벽골 호수를 자장율사님은 진신사리를 가슴에 품고 배를 타고 익산 쪽으로 이동하였다고 상상해 본다.

* * *

벼 고을 만경평야 여기가 김제로다

동으로 모악산이 서쪽엔 벽골제방

금산사 미륵부처님 용화세계 여기네

* * *

지평선 멀리멀리 저녁놀 붉게 타고

만경강 건너 서서 미륵산 찾아가니

신천지 용화세계가 금마 땅에 싹트네

 **여섯 번째 자락**

　김제에서 이틀간 휴식을 취하고 익산으로 출발하였다. 만경강 목천교를 지나 송학리에서 금마면 미륵사지로 이동하였다.
　마침 익산시청에서 주관하는 국화꽃 축제가 미륵사지 입구에서부터 주차장까지 온통 국화꽃으로 장식되어 미륵산 아래 용화세계가 펼쳐져 있었다.
　미륵사는 백제 무왕 때 건립한 사찰로 탑이 3개, 금당이

3개로 3탑 3금당의 가람 배치로 지금은 석조물로 된 당간 지주와 일부 복원된 서쪽 석탑이 전부다.

최근에 조성한 동탑은 서탑을 근거로 해서 새로 건립한 예술품이 아닌 실패한 모조 석조물이다.

거대한 중앙 목탑에 동탑과 서탑을 거느리고 금당에 연결된 회랑이 미륵산 남쪽 산기슭에 용화세계로 자리매김하였다.

백제 무왕이 어린 시절 신라 서라벌에서 마를 팔던 서동이라면 선화공주가 왕비임은 틀림없다.

서탑에 좌평 사택 적덕의 딸이 왕후로 사리를 봉안한 봉안기와 유물이 발견되었는데, 중앙 목탑은 백제 무왕이 사리를 봉안한 것이고 동탑은 사랑하는 왕후 선화공주가 사리를 봉안한 것이라고 가장 아름답게 상상해 본다.

1,400년 전 신라 자장율사가 익산 미륵사지를 탐방하고 경유한 까닭은 중국 당나라에서 선덕여왕의 부름을 받고 신라 왕권의 초석을 다지고 선양하기 위하여 고민 중에 백제 무왕이 심혈을 기울여 조성한 사찰 미륵사와 석탑과 목탑이 건립되었다는 소식을 듣고 중국의 전탑 높이와 규모를 미륵사 목탑의 높이와 규모를 서로 비교해 보았을 것이다.

또 자장율사는 가지고 온 부처님 진신사리를 어떻게 봉안하나 고민하며 미륵사를 견학했을 것이다.

자장 스님은 서라벌에서 목탑을 건립할 장인들과 기술자들도 수소문하고 선화공주의 안부도 챙기지 않았을까 하는 상상의 나래를 펼쳐 보았다.

* * *

미륵산 너른 품에 서동요 담겨 있고

옛 가람 미륵사지 쌍 석탑 장엄하네

역사와 설화의 경계 어느 곳에 머물까

* * *

미륵사 중앙 뜰에 쌍 석탑 거느리고

웅장한 목탑 위용 삼금당 삼 탑일세

긴 회랑 연결된 불심 용화세계 이루네

* * *

폐사지 한 모퉁이 흩어진 기와 조각

묻혀진 천사백 년 담겨진 백제 역사

한 조각 손에 쥔 와편 흥망성쇠 말하네

일곱 번째 자락

 익산 금마시장에서 아침 식사를 하고 편의점에서 김밥과 우유를 준비하고 석왕동 쌍릉총으로 길을 떠났다.
 이 쌍릉은 큰 무덤은 무왕의 무덤이고 작은 무덤은 선화

공주의 능으로 추정되는 곳으로 이곳을 찾아오는 관광객은 없는지 주차된 차도 없고 너무나 한적한 곳이다.

 쌍릉에서 왕궁리 5층 석탑을 가는 길은 농로와 마을로 가는 지름길로 택하였다. 약 1시간을 걸어서 왕궁리 유적 전시관에 도착하였다.

 유적 전시관을 관람하고 나와 5층 석탑을 돌아서 궁성 터 후원 쪽으로 올라가면서 1,400년 전 백제와 시간여행을 떠나 본다.

 옛 궁성 터와 작별을 고하고 나와서 1번 국도를 타고 남쪽으로 걸어서 왕궁리 온천장을 찾아갔더니 코로나 때문인지 아니면 다른 사정이 있었는지 알 수 없지만 온천상 주차장엔 잡초만 무성하고 폐업한 지 오래된 것 같았다. 온천수에 여행의 피로를 풀고 활력을 충전하려고 온천장에 왔는데 계획대로 되지 않는다.

 폐업한 여관 주차장 돌의자에 앉아서 캔맥주를 마시면서 생각에 잠긴다. 폐허가 된 왕궁터에 사찰이 들어서고 그 사찰마저 폐사지로 묻히니 세월의 앙금을 무엇으로 씻을까.

 다시 일어서서 삼례로 길을 떠나자.

***

왕궁리 왕성 옛터 후원을 산책하며

무왕과 선화공주 발걸음 찾아가니

건너편 대, 소왕릉엔 그 누가 잠자나

***

서동과 선화공주 사랑가 부르면서

대왕릉 소왕릉 앞 쌍릉에 목례하고

왕궁리 오 층 석탑에 내세발원 올리네

***

가슴속 묻혀 있던 역사 속 백제 풍진

온수리 온천수에 말끔히 씻어 내고

긴 여정 사릿길 탐구 초심으로 일구네

 **여덟 번째 자락**

    삼례읍 재래시장에서 추어탕으로 이른 아침 식사를 하고 완주 쪽으로 길을 나섰다. 삼례교를 지나 동산 광장 로터리에서 26번 도로를 타고 서라벌이 있는 동쪽으로 나아간다.

    전주시 도심 외곽 지역이어서 많은 차량이 오고 가니 매연과 미세먼지가 대단하다. 차량이 많은 도심지를 통과하는 구간은 도보 답사에 아무런 의미가 없어서 차량으로 건너뛰었다.

    옛날 자동차가 없을 때 사람들은 말이나 도보로 교통수단을 삼았고 긴급 사항은 봉화나 파발 말을 이용하여 긴급 사항을 통지하였다. 그 좋은 예가 삼례 역참터다. 숙소가 제공되고 파발마도 교환해 주고 모든 사람이 모여드는 곳으로 사통팔달 교통과 상권이 형성되었다.

    길은 길, 참 정다운 우리 말이다. 길고 길어서 길인지 좋은 일만 있어서 길인지 도통 모르겠다.

    길 위에서 길을 찾아가는 부처님 진신사리 답사길은 자장율사의 행적을 따르는 1,400년 전 시간여행으로 그 길 위에 선 나 자신은 한 걸음 한 걸음 걸을 때마다 설렘과 행복해짐을 느낀다.

　자, 오늘 저녁 숙소는 순두부와 두부 음식이 유명한 소양면 화심리다.

　부지런히 힘을 내어서 걸어가자.

* * *

삼례읍 역참터에 모이자 노래하자

구하리 정법 정행 만나리 자장율사

불국토 자비행 이른 사발통문 전하게

아홉 번째 자락

소양면 화심리에서 26번 국도를 따라 동쪽으로 약 1시간 걸어가면 26번 도로에서 갈라지는 지방 도로 쪽으로 걸음을 하여 모래재를 넘었다.

모래재는 완주군 소양면 신촌리에서 진안군 부귀면 세동

리와 연결되는 고개로 예전에는 교통량이 많았고 아주 위험한 고개로 소문이 자자한 곳이다. 지금은 26번 국도가 4차선으로 우회하여 연결되어서 지방 도로는 교통량이 없다.

모래재 작은 터널을 지나 정상에는 약수터로 유명한 휴게소가 있고 제철인 고구마, 늙은 호박, 건고추 등 여러 가지 농산물을 팔고 있다.

고갯마루 휴게소에서 내려오면서부터는 메타세쿼이아 나무가 잘 조림되어 있어 신선한 나무 향기를 품어 내어준다. 한가한 길 도보로 걸어가는 데는 최고의 길이다.

아름다운 메타세쿼이아 길을 뒤로하고 내려오면 신정리에서 26번 도로와 다시 만나게 된다.

마이산 도립공원을 오른쪽으로 끼고 약 7시간을 걸어서 진안읍에서 일정을 마쳤다.

* * *

모래재 넘어, 넘어 동으로 가는 길은

마이산 은수사에 우렁찬 법고 소리

육백 년 청실배나무 전설 속에 서 있네

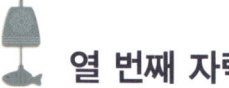 열 번째 자락

    진안읍에서 하루 휴식을 취하면서 마이산 탑사와 은수사를 관광하기로 하였다.
    그동안 발바닥에 물집이 잡혀 있던 것은 잘 치료가 되어

서 껍질이 벗어지고 새살이 자리를 잡았다. 다행이다. 발과 다리의 소중함을 일깨워 주는 고마운 신호로 감사히 받아들이자.

마이산 남부 주차장에서 탑사까지 가는 길은 벚나무가 줄지어서 단풍 옷으로 갈아입고 있다.

금당사와 탑사 가는 길 주변에는 사찰의 고즈넉하고 경건함은 없고 관광객과 장사꾼의 호객행위가 마음을 무겁게 한다.

신비한 돌탑들이 즐비한 돌탑을 지나 탑사에 참배하고 암마이봉과 숫마이봉 사잇길로 올라가면 은수사가 나온다.

마이산 은수사는 조선 태조 이성계와 관련된 설화 속 사찰이며 태조 이성계가 심었다는 돌배나무가 수령 600년을 자랑하고 있다.

돌탑과 탑사는 약 백수십 년 전에 이갑용 처사가 정성을 모아 신령한 힘으로 쌓은 돌탑으로 백수십 년이 지난 오늘날까지 건재하다.

나도 한 걸음씩 정성을 담아 걸어가면서 부처님 진신사리길을 무사히 찾아가길 기원한다.

*　*　*

천마의 울음소리 하늘에 닿아 있고

석탑을 쌓은 정성 대지를 덮는구나

신령한 서기 서린 진안고원 마이산

* * *

이갑용 석탑 도인 마이산 은거하여

천지탑 오방탑을 팔괘로 풀어놓고

끝없는 기원의 석탑 구도자의 표상들

열한 번째 자락

 어젯밤부터 가을비가 온다. 오늘은 가을비가 올 확률이 85%이다. 우산을 챙겨서 진안을 출발하여 1시간 정도 걷는데 부슬부슬 오던 비가 그쳤다. 참 고마운 일이다.

26번 도로를 따라 구룡리를 지나 반곡재를 넘어서 용강리 대박 휴게소를 통과하여 장계면 소재지에서 숙소를 잡았다.

옛날 이곳 장계는 육십령 고개를 넘어 경상도를 지나서 전라북도 전주 가는 길목으로 내륙에 산간지대를 연결하는 도로가 발달하여 북으로는 무주와 남으로는 장수로 연결된다.

다음 날 아침, 집 떠나 길을 나서면 가장 문제가 되는 것은 아침 식사이다. 요즘은 오전 10시가 넘어야 음식점들이 영업을 시작하니 아침 식사를 하기가 힘이 들어서 시장 골목이나 장터 주변에서 저녁 식사를 하면서 다음 날 아침 식사를 부탁한다. 장계 장터 국밥집에서 6시에 아침 식사를 하고 출발하였다.

약 1시간 안개 낀 길을 걸어서 장수 경마 목장을 지나 굽이굽이 육십령 고개 언덕길로 들어섰다. 고갯마루에 육십령 휴게소가 나오고 옆 편에는 전망대가 있다. 전망대에서는 장계 진안 방향에 풍경이 일품이다.

이곳 육십령은 소백산맥 남덕유산에 백두대간의 한 곳이고, 60명 이상 무리를 지어서 고개를 넘어야 도둑 떼를 피할 수 있다고 해서 육십령이라고 했다.

또 다른 이야기는 60여 구비를 넘어야 한다고 해서 육십령 고개라고 불린다는 것이다. 옛날 고대에서부터 삼국시대

신라와 가야 백제를 연결하는 고개이고 군사적으로 요충지였다.

지금은 전라도와 경상도를 26번 도로가 육십령 고개를 통과하고 있다. 고개를 넘어서는 함양군 서상면이고 남강천을 타고 내려가면 서하면이다.

남덕유산에서 발원한 맑은 물은 남강천을 따라 거연정, 군자정, 동호정, 농월정 정자들이 자연과 아름답게 어우러져 그림같이 서 있다.

* * *

덕유산 남쪽 자락 육십령 고갯마루

회갑은 벌써 지나 고희가 넘었건만

부풀은 가슴 속 열정 서라벌로 길 잡네

***

단풍잎 울긋불긋 덕유산 끝자락에

남강천 여울진 곳 화림동 여기로다

거연정 누각 위 풍경 그림 같이 곱구나

 ## 열두 번째 자락

　남덕유산에서 흘러내린 남강천이 서상면에서 안의면까지, 곳곳에 너럭바위와 소를 만들고 꽃과 나무들이 어우러진 이곳을 바로 화림동이라 하였다.

화림동 최고의 정자 거연정에서 함양 선비 문학 탐방로를 따라 군자정, 동호정, 농월정을 답사하였다. 긴 탐방로는 나무 데크로 잘 정비된 6.5km 길로 각각의 정자와 연결되고 영각사를 지나 농월정에서 끝난다.

농월정 앞 너럭바위에는 옛날 어느 세도가 선비들이 긴 한시와 이름을 석공을 시켜 돌에 새겨 놓았으나 수마에 씻겨 무슨 내용인지 모르게 닳아 없어졌다. 넓은 너럭바위 위에는 수마에 파인 돌 도랑에 넉넉한 덕유산 자락에서 흘러내린 물이 콸콸 소리를 내며 흘러가 혼자서 보기가 아까워서 동영상을 찍어 남겼는데 이것조차 다 부질없는 헛짓거리인 듯하다.

화림동을 뒤로하고 약 1시간 반 더 걸어서 안의 장터 옆에서 숙소를 잡았다.

오늘은 답사 거리가 약 15km 정도인데 시간이 꽤 많이 걸렸다. 정자마다 올라가 풍류도 즐기고 남강천에 발도 담그는 호사를 누려서인가 보다.

* * *

동호정 뒤에 두고 군자루 올라서니

비단천 너럭바위 농월정 저곳이네

나그네 바위에 앉아 발 담그고 쉬는구나

* * *

반석 위 맑은 물은 무엇을 희롱하나

수천 년 수마 속에 속 살을 드러내고

물소리 감미로움에 월광 속을 헤매네

* * *

함양 땅 하늘 아래 물방아 돌고 돌고

남강천 새애기는 가슴만 두근두근

빨래터 방망이 소리 부푼 가슴 달래네

열세 번째 자락

 오늘은 하루 휴식을 하면서 옛날 조선 시대 영남 최고 명소인 안의삼동을 답사하기로 하였다. 어제 육십령 고개에서 내려오면서 거쳐 온 정자와 누각이 금천계곡과 어우러져 아

름다운 곳이 화림동천이고, 진신사리 길 답사 코스와 조금 떨어져 있는 심전동과 원학동이 안의삼동이다.

오전에 심전동 계곡으로 가서 용추폭포와 장수사 일주문, 용추사를 돌아보았다.

용추사 명부전에서는 유족도 없이 49제를 올리는 노스님의 긴 독경 소리가 요즘 사찰에서 형식적으로 틀어 주는 녹음된 염불 소리와는 달리 격이 있어 옷깃을 여미게 했다.

오후에는 거창 운학동 계곡을 답사했다. 운학동 계곡은 조선 시대는 안의현에 속해 있었으나 일제 강점기 때 행정 구역이 개편되면서 거창군이 되었다.

원학동 수승대는 참으로 영남 제일의 명소라고 할 만하다. 멀리서 보아도 높아 보이는 주변 산세와 매우 큰 거북바위 둘레를 푸른 소가 되어 소리 내어 흐르는 물, 넓은 너럭바위 위에 수천 년 수마로 골이 파인 바위 도랑에 계곡물이 콸콸 흘렀다.

산 좋고 물 맑은 곳에 어찌 정자가 없을쏜가. 그곳이 바로 관수루와 요수정이다.

거북바위 석면에는 빼곡하게 장수를 기원하는 이름과 한시로 온통 돌거북 살점이 뜯겼다. 돌거북의 살점을 드러내고 새겨진 이름들이 한참 동안 가슴을 짓누른다.

해 질 무렵 막걸리와 수구레국밥으로 쓰라린 회포를 달랬다.

* * *

함양 땅 안의삼동 가슴에 새겨 두고

신라와 백제국경 거창 쪽 걸음 하니

수승대 거북바위가 세월 속에 서 있네

* * *

나그네 가는 길에 장명등 불 밝히면

반가운 마음이야 무엇에 비할 건가

주막집 막걸리 한잔 힘든 여정 달래네

열네 번째 자락

 함양 안의 땅을 이틀간 머물다가 떠나니 왠지 아쉽고 무엇 하나 두고 온 기분이다.
 조선 시대에는 영남의 선비마을은 좌 안동 우 함양이라고 했는데 함양 선비들의 향기는 정자와 누각에 남아 있고 품격은 남강천에 흐른다.
 26번 도로를 따라 바리기재를 넘어서 가는데 어제 용추사 노스님의 독경 소리가 자꾸 귓가에 맴돈다.

　마리면 마리천을 따라 내려가면 황강 상류 영호천이 흐르는 거창 땅으로 숲과 계곡, 물이 어우러진 건계정이 있다.

　거창군은 덕유산과 지리산 그리고 가야산, 이 세 곳에서 산자락이 흘러내려 마주친 분지로 안개가 유명하다. 새벽안개가 분지에서 잘 걷히지 않는다. 도로를 따라 도보 행군은 안개가 가장 위험하다. 새벽안개 때문에 이틀간 아침 출발 시간이 9시가 넘었다.

　이곳 거창은 예로부터 교통과 지리적 군사 요충지로 삼국시대부터 유명한 거열산성이 있다.

　황강을 따라서 내려가면 남하우체국을 지나 삼우당 거쳐서 상현휴게소에서 황강을 내려다보니 온통 녹조로 녹색 강이다. 합천댐 상류와 황강의 만남은 녹조로 범벅이 되어 있다.

　산골짜기 맑은 물이 인간 세상을 거쳐 지나가면서 오폐수로 오염되어 그 증표가 녹조로 나타난다. 수질 개선과 오폐수 정화 사업은 우리 모두 힘써야 하는 가장 중요한 일이다.

　합천댐 상류를 바라보면서 묘산면 삼거리로 발걸음을 재촉한다.

　묘산삼거리는 26번 도로와 24번 도로로 갈라진다. 26번 도로를 동쪽으로 따라가면 야로면을 지나 경상남북도의 경계인 고령군 쌍림면이다. 쌍림면 안림리에서는 이정표를 잘 보고 가야 한다. 이곳은 4차선 국도와 고속도로, 2차선 도로가 교차하는 복잡한 곳이다.

안림리에서 약 4km 더 가면 고령 대가야 박물관이다. 가야 시대 줄지어 늘어선 고분군들과 박물관을 관람하고 고령 읍내에서 숙소를 정했다.

* * *

벼랑과 벼랑 사이 힘차게 굽어 돌고

절벽 위 산마루에 지킴터 거열산성

구백석 거북 바위 위 건계정이 서 있네

* * *

풍진에 묻혀 버린 역사 속 대가야는

고령토 빚어내어 토기로 말을 하고

우륵의 가야금 소리 수천 년을 전하네

* * *

대가야 궁성 터가 어딘지 알 수 없고

옛 무덤 고분군만 줄지어 이어 있네

가야금 음률 소리만 고령 땅에 울리네

 열다섯 번째 자락

　고령 대가야는 신라 진흥왕 때 가야와 합병되었고 합병 연대는 서기 562년이다. 자장율사가 약 80년 후에 이곳 대가야를 거쳐서 신라 서라벌로 간다. 대가야 읍내에서 숙소를 정하고 피곤한 다리를 달랜다.
　도보 답사를 하루 멈추고 비슬산 대견사와 옥포 용현사를 관광하기로 하였다.
　예로부터 전해지는 불교계 이야기는 남 대견 북 봉정이라고 했다.

 남쪽 높은 사찰은 대견사요, 북쪽 높은 사찰은 봉정암이라고 하니 평소에도 꼭 한번 가 보고 싶었던 사찰이다.

 비슬산 자연휴양림 공영 주차장 전기차 매표소에서 승차권을 사서 전기차에 탑승하였다. 비슬산 산꼭대기 정류장까지는 약 20분간 급커브 비탈길을 올라가서 도착했다. 봄철에는 진달래 군락지로 유명한 해발 1,000m 고지대의 사찰이다.

 대견사는 삼국유사 저자인 일연 스님께서 승과에 장원급제하고 처음으로 주석한 사찰로 임진왜란 때 소실되었고 최근 2014년도에 대견사를 재건한 것이다.

 중국 당나라 문종의 세숫대야에 비추어진 절터라고 하여서 대견사라는 설화가 있다.

 또 다른 일화로 일제 강점기 때 대견사가 일본의 기세를 꺾는다는 이유로 강제 폐사되었다고 한다. 비슬산 꼭대기 명당 터에 대륙과 해양 국가의 충돌을 설화로 접하게 되니 우리 모두 조국의 국력에 힘을 길러야 하겠다.

 산 정상에서 내려와 달성군 옥포면에 있는 8대 적멸보궁 중의 한 곳인 용현사를 찾아갔다.

 적멸보궁을 참배하고 나오는 길에 극락전을 올라가는 누

각 사이에 걸린 입시 고득점 발원 기도 모집이란 노란 현수막이 절 분위기를 망치고 있다. 현수막 하나를 걸어도 사찰 분위기를 훼손하지 않는 곳으로 게시하면 좋겠다.

고령 숙소로 돌아오는 길, 낙동강에 비추어진 저녁노을이 하늘, 강물과 하나 되어 너무 아름답다.

* * *

낙동강 건너서니 비슬산이 남쪽이네

서라벌 길을 따라 몇백 리 남았는가

사리를 품고 오시여 한 걸음씩 내딛네

 **열여섯 번째 자락**

　오늘 일정은 고령 대가야읍에서 화원 사문진 나루터까지 7시간 도보 행군으로 가야 할 거리다. 아침 8시 편의점에서 김밥과 도시락을 준비하여 출발하였다. 회천교를 지나 가야수목원, 금산재를 넘어 성산우체국까지 속보로 걸었다.
　낙동강을 고령시장에서 가로지른 고령대교를 지나 달성군에 진입하면서 낙동강 강둑에 앉아서 이른 점심을 먹고 다시 기운을 내어서 5번, 26번 도로의 4차선 도로와 바뀐

길을 간다.

 아침에 고령시장에서 먹었던 할매돼지국밥집의 암뽕 국밥이 생각난다. 도보 답사를 하면서 항상 초콜릿과 육포를 비상식량 겸 간식으로 먹지만 할머니의 구수한 손맛이 밴 국물 맛은 돼지국밥으로 최고이다.

 4차선 도로로 대구광역시로 들어가면서부터는 교통량이 엄청나게 많아졌다. 마스크를 두 개를 끼고 논공읍과 옥포읍 이정표만 보고 걸어간다.

 오후 3시가 넘어서 화원동산, 사문진 나루터에서 친구를 만났다.

 내일 갈 길을 사전 답사를 하고 온 친구는 차량 통행이 많은 대구 달서구와 남구 수성구는 자동차로 이동하고 경산 외곽에 숙소를 정하자고 한다.

 항상 미리 사전 답사를 하고 정확한 판단을 내려 길을 안내해 준 친구에게 감사의 마음으로 두툼한 손을 잡는 것으로 대신한다.

 사문진 나루터 강둑에 앉아서 자장율사님은 신라 서라벌이 얼마 남지 않았을 때 무슨 생각을 했을까. 부처님 진신사리를 품고 중국에서부터 긴 여정을 지나오면서 모든 근심과 걱정을 낙동강 물에 흘려보냈을 것이다.

* * *

사문진 나루터의 뱃사공 노랫소리

주막집 장명등이 처마 밑 걸려 있고

오고 간 낙동강 뱃길 칠백 리에 걸쳤네

열일곱 번째 자락

경산시에서 919번 도로를 따라 자인면, 용성면까지 오면서 본 것은 다른 지역과 달리 연못과 저수지가 유난히 많이 있다는 것이다. 연꽃이 피는 시기에는 발길을 멈추고 하루

쉬어 가도 좋겠다.

　용성면에서 1박을 하고 궁정 저수지를 지나 919번 도로를 타고 남쪽으로 길을 잡아 걸어간다. 회곡 저수지를 지나 곡들내재를 넘어 소천교를 지나 고갯마루에 올라서니 운문댐이 한눈에 들어온다. 푸른 운문호를 오른쪽에 두고 대천리를 지나면서는 20번 도로이다.

　20번 도로는 청도 운문댐 주변 산비탈 등고선을 따라 깎아 만든 구불구불한 비탈로 이어진 길이다. 이곳 30리 내외에는 인가가 없고 산 중턱에 표고버섯 재배장이 공암리 입구에 있다. 공암리에서 한참을 내려가 지촌교 다리를 건너서면 산내면 소재지이다.

　산내면은 이름 그대로 산으로 둘러싸인 산 안에 있는 면 소재지 이름 그대로다.

　차량 통행이 한적한 20번 도로를 따라서 저녁노을이 산마루에 붉게 물들 때까지 약 9시간을 내내 걸었다.

　힘을 내자.

　이제는 단석산과 서라벌이 지척이다.

* * *

경산 땅 지나 서서 남으로 길 잡으니

궁정리 연잎 호수 푸르게 덮여 있고

못 둑길 아침 안개는 신비롭게 쌓이네

* * *

대천리 넓은 하늘 동쪽에 드리우고

운문댐 맑은 호수 꿈같이 펼쳐지다

호반길 돌고 돌아서 단석산에 발 딛네

 ## 열여덟 번째 자락

 장시간 도보 행군으로 꽤 피곤하다. 오늘은 아침 늦게 출발하여 20번 도로를 따라 북쪽으로 길을 잡았다.
 가마골을 지나 당고개 휴게소에서 점심을 먹었다.

이곳 당고개는 단석산 서쪽 산자락의 고개로 산내면과 건천읍을 연결하는 고개이다. 이 고개를 넘자면 땀이 많이 난다고 해서 땀고개로 불리기도 한다.

고개를 내려서서 우중골에서 단석산 골짜기를 타고 한참 들어가면 신선사로 가는 산길이 나온다. 꾸불꾸불한 비탈이 심한 구절양장의 길이다.

자장율사님은 제자 스님을 단석산으로 보내 신선사를 건립하고 디귿 자 모양의 거대 자연석 벽에 마애불상군을 조성하여 석벽에 지붕을 덮어서 석굴로 만들었다.

토함산 석굴암보다 약 100년이 빠른 석굴암자로 지금은 국보 199호 신선사 마애불상군으로 지정되었다.

지금 이곳은 단석산 마애불상군을 보호하기 위하여 철골구조와 아크릴 덮개로 지붕을 만들어 보호하고 있다. 조금 더 고증하고 연구하여 원형에 가깝게 목재와 기와로 복원하면 좋을 것이다.

단석산은 이름 그대로 돌을 자른 산인데 김유신 장군이 화랑 낭도 시절에 신검으로 돌을 잘라서 붙여진 산 이름이다.

신선사 마애불상군을 뒤로하고 내려오는 길은 급경사 내리막길이어서 무릎에 많은 무리가 왔다. 다리가 조금씩 아프더니 송전 저수지까지 와서 다리에 발병이 났다. 스틱을

짚고 겨우 걸어서 건천읍 입구에서 자동차를 타고 경주 시내에 있는 병원으로 갔다. 병원에서는 절대 안정이 필요하니 움직이지 말고 일주일 이상 정양을 하라고 하며 약을 처방해 준다.

집을 떠나온 지 24일 만에 도보 답사를 일단 중단하고, 내년 5월에 다시 반석산에서 사릿길 도보 답사를 이어 나가길 마음속으로 다짐하면서 집으로 돌아왔다.

***

당고개 넘어서니 신선사 어디인가

큰 바위 자연 석굴 신선들 여기 계셔

단석산 마애불상군 석굴 속을 지키네

***

바위를 갈라 버린 유신의 신검 설화

화랑도 힘찬 기운 삼국을 움직이고

화랑도 부푼 꿈들이 단석산에 펴지네

***

단석산 신선사에 자장님 제자들이

입석암 석굴 사원 호국 불 만드시어

미소 띤 둥근 얼굴로 수천 년을 밝히네

열아홉 번째 자락

한 해가 지나고 코로나도 해제가 되면서 5월이 되었다.
 감자밭에 김을 매고 찰옥수수를 파종하고 고추까지 정식을 하니 한숨을 돌릴 수 있었다.

작년 단석산에서 발병이 나서 중단한 부처님 진신사리 답사길을 다시 시작하였다.

서울역에서 KTX를 타고 신경주역에서 친구와 만났다. 친구와 같이 경주 일원을 샛길 도보 답사를 함께 하기로 하였다.

경주 중앙시장 뒤쪽에 숙소를 정하고, 다음 날 아침 일찍 시내버스를 타고 단석산 당고개에서 하차하였다.

당고개 휴게소 옆으로 단석산 정상을 가는 등산로가 있어서 이곳에서 출발하였다. 단석산은 경주 주변에서 가장 높은 산으로 경주 국립공원으로 지정된 곳이다.

단석산 신선사와 함께 신선 사상인 도교와 불교가 만나 신라의 젊은 낭도들은 화랑도를 꽃피워서 삼국 통일의 주역이 되었다.

지난번에 신선사는 답사하였기에 곧바로 정상으로 길을 잡았다. 약 2시간 산행하여 정상에서 신검으로 잘라 버린 바위를 만나 보고 방내 저수지 쪽으로 하산하였다.

농로를 한참 걸어 나와서 방내리에서 모량리로 와서 4번 국도와 만났다. 4번 국도는 경부고속도로와 나란히 가다가 효현교 다리를 지나면서부터는 중앙선 기찻길과 나란히 경주 시내로 들어간다.

1,400년 전 7년 만에 서라벌 고향으로 돌아온 자장율사는 제일 먼저 선덕여왕을 만나서 중국과 고구려, 백제 등의 국제정세를 이야기하고 중국에서 가져온 부처님 가사 장삼과 불경 책, 진신사리를 어느 곳에 어떻게 봉헌할 것인지를 의논하였을 것이다.
　오늘은 단석산 산행에 4시간과 경주까지 3시간을 걸어서 숙소에 도착하였다.

* * *

저 건너 경주 남산 서라벌 진산이라

불성의 향기 찾아 걸어온 나그네 길

무심한 시선 끝 간데 피안의 길 예 있다

* * *

멀리서 바라본 님 지척에 계시온데

굳건히 다진 마음 한시름 동여매고

고골관 무상한 심법 다시 한번 다잡네

스무 번째 자락

 중국 당나라에서 선덕여왕의 부름을 받고 신라 서라벌로 돌아온 자장 스님은 함께 귀국한 스님의 제자 10여 명과 같이 선덕여왕을 알현하기 위하여 왕궁인 월성으로 들어갔을 것이다.
 오늘 일정은 새로 복원한 월정교를 지나 유적을 발굴하고

있는 월성 옛터를 돌아보고 분황사와 황룡사지로 발걸음하였다.

 이곳 분황사는 자장 스님께서 주지로 주석하면서 바로 앞 황룡사 9층 목탑을 건립하여 상주하신 곳이다. 분황사 당간지주에 큰 괘불을 걸고 야외에서 설법하는 단을 만들고 법회 자리를 성대하게 마련하니 그것이 야단법석이다. 이 야단법석은 신라의 국력을 한곳에 모아 황룡사 9층 목탑을 건립하는 원동력이 되었을 것이다.

 분황사 바로 앞 남쪽에 있는 황룡사는 진흥왕 때 황룡의 출현으로 궁궐터에서 사찰로 바뀌 건립됐다는 설화가 있다.

 황룡사는 왕실 전용 사찰로 자장율사가 백제 미륵사 목탑을 건축한 백제의 장인 아비지를 데려와 9층 목탑을 건축하였다.

 9층 목탑 심초석에는 중국에서 자장 스님이 모셔 온 부처님 진신사리를 봉안하고 약 80m 높이의 거대한 목탑을 국태민안의 염원을 담아 완성하였다.

 지금은 폐사지로 옆에 있는 황룡사 역사문화관을 관람하고 장육존불이 있던 금당 터와 9층 목탑의 심초석만 남아 있는 목탑 터로 걸음을 하였다.

 마침 음력 4월 8일이 며칠 남지 않아서 경주시에서는 목탑 주변에 연등을 설치하고 있었다.

약 1,400년이 지난 지금 9층 목탑지에서 다시 연등을 밝히는 것은 희망찬 대한민국의 앞길에 밝은 빛을 비추는 것이라는 생각에 가슴이 벅찼다.

* * *

월정교 지나 서서 반월성 당도하니

불성의 중심부가 서라벌 여기구나

부처님 진신사리로 불국토를 이루리

* * *

선덕님 염원으로 분황사 향기롭고

거대한 당간지주 구름 탄 괘불탱화

인성의 천수관음도 불성으로 합하네

* * *

분황사 모전석탑 네 방위 사자 석상

우람한 금강역사 불탑을 수호하고

부처님 무량 향기가 사문 안에 퍼지네

* * *

황룡이 나르시니 구룡이 옹위하네

드높은 9층 목탑 씨앗 된 진신사리

염원의 삼한일통에 호국정신 예 있다

스물한 번째 자락

 자장 스님은 신라 진골 귀족 출신으로 일찍이 조실부모하고 인생의 무상함을 느껴 승려가 되면서 고골관으로 수행하였다.

덕만 공주가 왕위를 계승하여 선덕여왕이 되면서 자장 스님을 재상으로 임명하여 입궐시키려고 하였으나 스님의 고사로 재상으로 임명하지 못하고 중국으로 불교 유학을 보냈다.

중국 오대산에서 열심히 수행하여 문수보살을 친견하고 중국 불교계에서도 유명 인사가 되니 신라 선덕여왕이 스님을 귀국시켜 달라고 중국 당 태종에게 요청한다.

7년 만에 신라로 귀국한 자장 스님은 대국통이라는 승려의 최고 지위에 올라서 신라불교의 계율을 정하고 전 국토를 불국토로 만들 계획을 하였다.

자장 스님은 제자들을 데리고 경주 남산에 올라서 나무로 만든 오리를 날리면서 이 나무 오리가 내려앉아 있는 곳에 계율로 단을 쌓고 부처님 진신사리를 봉헌하고 사찰을 건립하겠다고 말하였다. 나무 오리가 내려앉아 있었던 곳이 지금의 양산 통도사 구룡지이다.

오늘은 고향 친구와 같이 노천박물관인 경주 남산을 탐방하였다. 용장골 입구에서 출발하여 설잠교 갈림길에서 용장사 터 쪽으로 길을 잡았다. 금호봉을 지나 금호정 전망대에서 포석정 쪽으로 하산하였다.

4일간 경주 일대를 함께하여 준 친구도 오후에 집으로 돌아가고 혼자가 되었다.

스님이 날려 보낸 나무 오리를 찾아서 내일은 일찍 남쪽으로 길을 떠나야 하겠다.

* * *

계율을 다져 놓고 불성을 세우셨네

자장님 칭송하니 자장가 되셨나요

남산 위 반야 세계는 서라벌로 꽃 피네

스물두 번째 자락

　경주 중앙시장 앞에서 시내버스를 타고 어제 남산을 탐방하였던 용장골 입구인 용장리에서 하차하였다.
　남산을 동쪽으로 끼고 남쪽으로 길게 이어진 2차선 구도로는 35번 옛 도로인 포석로이다. 구도로가 조금 떨어진 곳으로 4차선 35번 도로가 지나간다. 남으로 가는 구도로는 한가해서 걸어서 가기에는 교통량이 별로 없어서 안성맞춤이다.

내남농공단지를 지나 봉계리에서는 2차선 도로에서 4차선 35번 도로로 이어진다. 활천리 열백휴게소를 지나서부터는 경부고속도로와 나란히 언양읍까지 함께 간다.

언양에서 숙소를 정하고, 다음 날 아침 언양 시장에서 장터국밥으로 아침을 먹고 양산 통도사로 출발하였다. 삼남면을 지나 반기리에서 순진리 통도사 입구까지 도착하니 점심시간이다. 통도사 일주문 밖에서 이른 점심을 먹고 일주문 안으로 들어갔다.

개천을 끼고 아름다운 무풍 한솔로를 따라 걸어가면 오른쪽에 선지식 고승들의 부도전이 있다. 부도의 숲을 지나 사천왕상이 있는 천왕문을 지나면 하나의 큰 진리를 상징하는 불이문이 나온다.

통도사 3문을 지나면 하로전, 중로전, 상로전의 전각들이 줄지어 있다. 이 중에서 가장 중심이 되는 곳은 상로전에 부처님 진신사리를 모신 금강계단이다. 대웅전 적멸보궁 옆에는 통도사 창건 설화로 연못에 용이 있어 통도사를 지켜

준다는 구룡신지가 있다.

  대웅전에서 108배 큰절을 올리고 내려와서 해장 보각으로 갔다. 이 해장 보각은 자장율사님의 영전을 모신 정각으로 나도 율사님께 3배의 인사를 올리고 기도에 들어갔다.

  자장율사님의 발자취를 찾아서 부처님 진신사리 도보 답사길을 무사히 잘 마칠 수 있도록 간절히 염원하며 기도하였다.

  내일은 금화 보살님을 만나러 자장암으로 가야겠다.

***

남산을 끼고 돌아 남으로 길 잡으니

여기가 열벽 고개 열 사람 기다리네

저 멀리 영축산 마루 불지 종찰 통도사

***

통도사 일주문 밖 길 따라온 나그네

부처님 사리 찾아 여기에 왔건마는

길인가 도인가 하며 망연자실 서 있네

***

별이 셋, 달이 하나 마음을 씻어 내고

일주문 지나가고 천왕문 들어서니

여기가 둘 아닌 하나 불이문에 발 딛네

* * *

금강석 같은 마음 계율로 단을 쌓고

사리를 봉안하니 여기가 금강계단

불법을 지켜야 하는 초석으로 남았네

 ## 스물세 번째 자락

통도사 일주문 밖과 사문 안의 차이는 정말 크다.

바깥쪽은 현대식 건물들로 쭉 상가로 연결되고 일주문 안쪽은 고즈넉하다. 통도사 일주문 하나로 경계가 되는 인간 세상에 승과 속의 경계인지, 인간 세상을 하나로 연결하는 통로인지 도통 모르겠다. 큰 기둥 하나로 서 있는 일주문이지만 자세히 보면 큰 기둥에 가려져 보이지 않았던 작은 보조 기둥이 있어서 완성된 것이 일주문이다. 우리 모두 작은 보조 기둥을 다시 한번 생각해 보자.

아침 일찍 금화 보살을 만나러 일주문 안으로 들어갔다.

무풍 한솔로 옆 자동차 차도를 따라 올라가면서부터는 보타암을 지나 취운암, 자장교를 지나서 자장암까지는 약 7km이다.

옛날 자장 스님이 자장암에서 거주하시면서 금강계단을 건립하실 때는 자장 동천을 따라가는 약 2km 정도의 개천 길에 지금은 차도로 돌아서 가니 거리가 더 멀어진다.

자장암 둥근 원형 모양의 산문을 지나 계단을 올라가면 종무소가 있고 한 계단 위 옆쪽에 법당이 있다. 그 법당 뒤쪽에 자장 스님이 손가락으로 바위에 구멍을 뚫어서 금개구리를 살게 했다는 바위가 있다.

종무소 툇마루에 앉아서 멀리 산을 돌아보면 오른쪽 영축산 정상에서 시실봉으로 이어지는 주 능선이 길게 감싸고 있고 주 능선 사이사이 암자를 향하여 달려오는 작은 소 능선이 장관이다.

암자 아래 너럭바위를 흐르는 물이 자장 동천이다. 영축산에서 흘러내리는 모든 물은 실개천이 되어 함께 모여서 통도사 쪽으로 흘러가는 동쪽으로 흐르는 동류수가 된다. 통도사는 앞에는 동쪽으로 흐르는 물 뒤쪽에는 영축산, 말 그대로 배산임수의 명당자리이다.

자장암에서는 금화 보살을 만나 보지도 못하고 하산하였다. 나 같은 세속의 인간에게는 금화 보살님이 현신하지 않는가 보다.

통도사를 나와서 이른 점심을 먹고 울산 태화사지 쪽으로 방향을 정했다. 35번 도로를 따라 북쪽으로 조금 올라오다가 길을 물어서 울주 물류센터 쪽으로 길을 잡았다. 울주군 삼동면 조일리를 지나 보은교 다리를 건너면서부터는 보은천을 끼고 삼동면 소재지까지 갔다.

집을 떠난 지 벌써 일주일이다. 작년 10월 단석산에서 발병이 나서 중단을 한 후 집에서 6개월간 체력을 단련하여서 그런지 요즘은 하루 7시간에서 8시간 도보 여정은 자신이 생겼다.

오후에는 차량 통행이 많은 길을 걸어서 무사히 숙소를 정한 것이 다행이다.

오늘도 감사하고 고마운 마음으로 휴식을 취하자.

***

영축산 너른 품에 둥지 튼 통도사야

자장님 깊은 뜻을 천여 년 지켜 왔네

부처님 올곧은 법도 모든 것에 통하네

* * *

영축산 자장암에 보살님 금개구리

경칩날 입 떨어져 무엇을 설하시나

천 년 전 율사님 계율 펼쳐 보라 말하네

* * *

이 한 수 노래지어 자장님 드리지만

어머니 손길 따라 천여 년 세월 속을

자장가 구전되오니 자장 자장 되었네

 ## 스물네 번째 자락

 삼동면 소재지에서 출발하여 삼동초등학교를 지나면 4차선 도로가 나오고 약 30분 정도 걸으면 대암호 쪽으로 가는 2차선 지방 도로가 나온다. 대암호를 왼쪽에 두고 호수 길을 지나면 태화강 상류인 대암교 다리이다. 여기서부터는 24번 국도 4차선 도로로 동쪽은 울산이고 서쪽 길은 언양읍으로 가는 길이다. 이 도로는 대형 화물차와 일반 승용차 통행량이 너무 많아서 구영리에서 점심을 먹고 택시를 타고 울산 박물관으로 갔다.

울산 박물관에서 만나고 싶었던 것은 석종형 십이지상 사리탑 부도이다. 석종형 십이지상 사리탑 부도는 자장 스님이 중국에서 모셔 온 부처님 진신사리를 황룡사, 통도사와 태화사에 3분 하여 봉안한 사리탑으로 현존하는 태화사의 유일한 유물이다.

자장 스님이 신라 3대 사찰인 울산 태화사를 창건하기 이전부터 울산은 신라의 국제무역항으로 물류 중심지였다. 태화강 주변으로 모여드는 국내 물류와 해외 물류가 신라 왕권의 재정을 뒷받침하였다고 생각된다.

중국 오대산 태화지에서 문수보살로부터 받은 부처님 가사와 진신사리를 경주 동쪽에 태화사를 창건하고 사리를 봉안하니 이곳 주변 강은 태화강이 되고 지역은 태화동이며 사찰의 부속 건물인 누각은 태화루가 되어 지금까지 전해 내려오고 있다.

석종형 십이지상 사리탑을 관람하고 박물관을 나와서 태화루로 발걸음하였다.

신정동에서 약 20분 걸어서 태화강을 건너서 태화루에 올라섰다. 태화루 난간에서 보면 오른쪽은 울산 국가 정원과 십리 대밭이고 왼쪽은 동해 바다로 나가는 길목으로 현대자동차와 조선 공장이 있다.

신라 선덕여왕과 진덕여왕의 신뢰와 사랑을 받은 자장 스님은 전국 각지로 제자들을 파견하여 명당자리를 조사하고 연구하였을 것이다.

　훗날 자장 스님은 동해 뱃길로 강릉으로 가서 태백산맥을 넘어 진부 수향리에 수다사 절을 짓고 여기서 함백산 정암사, 영월 사자산 법흥사, 오대산 상원사 적멸보궁을 창건하셨다. 이 세 곳에 적멸보궁을 건립하고 초창기 관리를 잘할 수 있는 지리적 위치가 삼각형의 중앙 기점인 수다사이다.

　또 다른 하나의 육로 길은 경주 서라벌에서 포항과 영덕을 지나 원덕 호산까지 동해를 오른쪽에 두고 올라가서 태백에서 함백산 정암사로 간다. 그리고 다시 내륙 쪽인 사자산 법흥사에서 진부 수다사로 가서 오대산 월정사와 상원사 적멸보궁을 건립하고 설악산 봉정암에서 마지막 불국토의 정점을 찍었을 것이다.

　1,400년 전에는 울산 태화강에서 바닷길로 동해 연안 지역을 오가는 뱃길이 있었지만 지금 현대에는 해상 교통이 전무하다.

　나는 태화루에서 육로 길을 택하여 동해안을 따라 북으로 자장 스님의 부처님 진신사리 도보 답사기를 택하였다.

　나는 태화루에 앉아서 태화강을 바라보며 오만가지 상념

에 사로잡혀서 발걸음을 쉽게 옮기지 못하였다.

  울산에 살고 있는 지인이면서 선 지식인 정진님과 연락이 되어서 태화루 앞에서 만나 같이 저녁 식사를 하고 서울로 가는 고속버스에 몸을 실었다.

  봄철 도보 답사는 울산 태화루까지 끝내고, 가을 답사는 동해안을 따라 북으로 행로를 잡을 예정이다.

***

양산을 뒤로하고 동으로 길 잡으니

태화사 어디 인가 폐사지 알 길 없네

태화강 언덕 어느 곳 천년 꿈을 꾸겠지

***

태화동 반탕골에 석종형 십이지상

사리탑 감실 속에 사리는 흔적 없고

천여 년 불성의 향기 무형으로 전하네

***

태화강 포구에서 닻 올려 배 띄우니

동해로 나아가서 명주로 항로 잡아

마노석 가득 실어서 수마노탑 세우리

* * *

강변의 죽림 속을 휘돌아 걸어가며

감실 속 진신사리 꿈속에 만나 볼까

청량한 대나무 바람 상념에서 깨우네

* * *

동해를 오른쪽에 북으로 봉정까지

수다사 거점 잡고 삼산을 넘나들어

자장님 지혜 광명이 적멸보궁 세우네

스물다섯 번째 자락

 지루했던 무더위가 끝나고 김장 배추와 무가 속살을 채우는 가을이 되었다. 작년 10월 3일 영광 법성포에서 부처님 진신사리 도보 답사를 시작한 지 1년이 지났다. 영광에서 울산 태화루까지 이어진 도보 답사길을 세 번째로 출발하여 이어서 가야겠다.

동서울 버스터미널에서 울산까지 고속버스에 몸을 싣고 울산에 도착하여 선지식 정진 님을 태화루에서 만났다.

오후 2시가 넘어서 늦은 점심을 같이 먹고 연남동 31번 국도와 2차선 도로가 합류되는 곳까지 배웅하고 2차선 도로를 따라 가운데 고개를 넘어 남전 저수지를 지나 구남리에서 북쪽으로 올라가서 정자동에서 동해를 만났다.

정자동에서 바다가 보이는 전망 좋은 모텔에서 숙박하고 다음 날 아침, 동해 일출을 보면서 해안을 따라서 북쪽으로 출발하였다.

이 동해안 길은 동해 자전거 일주 도로와 동해 해파랑길이 겹쳐지면서 최북단 통일전망대까지 잘 표시가 되어 있어서 길을 잃어버릴 염려는 없다.

31번 도로를 따라 화암 주상절리를 지나 양남면 소재지에서 읍천리 진리휴게소를 지나서 해변을 죽 따라 올라가면 문무대왕 수중릉인 대왕암이 나온다.

이 대왕암은 죽어서도 용이 되어 나라를 지키겠다는 문무왕의 유언에 따라 수중 바위에 장례를 지냈다고 하여 수중릉인 대왕암이 되었다.

이 대왕암이 보이는 곳에서 민박하고 용 꿈을 꾸기를 기대하며 휴식을 취했다.

* * *

귀뚜라미 귀뚤귀뚤 초가을 첫 자락에

행랑을 걸머메고 옛 임을 찾아나서

설화 속 숨겨진 모습 다시 한번 그리리

* * *

감실 속 사리 꺼내 바랑에 집어넣고

용신들 향연 끝나 문수님 지혜 찾아

북쪽의 어느 곳에서 지혜 광명 펼칠까

* * *

바랑을 걸머메고 동해를 바라보며

외로운 발걸음을 북으로 재촉하니

멍울진 호국 염원을 어느 곳에 세울까

* * *

무엇이 정심이고 무엇이 계율이냐

가슴 속 쌓인 시름 강물에 던져 놓고

태화강 배 떠난 자리 흔적 없고 무심하다

* * *

솟아라 붉은 해야 펼쳐라 힘찬 기운

동해를 수호하는 황룡의 호국 정신

대왕암 전설과 설화 가슴속에 꽃피네

스물여섯 번째 자락

대왕암을 출발하여 감은사지 3층 석탑까지는 약 2km이다. 문무왕의 아들 신문왕이 용이 된 아버지의 뜻을 기려 대를 이어 감은사를 완공하였다. 신라 시대에 해안가에 건립한 사찰은 종교적인 의미도 있지만 왜구의 침입을 막는 방어적인 의도도 크다 하겠다.

사찰 주변과 사하촌에 집단부락을 형성하고 사찰의 승병들과 주민들이 집단으로 전투를 할 수 있는 군사적인 성격이 아주 강하였다.

그 한 가지 예로 울산 태화사가 있고 태화사 옆에 방어진이 있는 것이다. 방어진은 방어 고기가 많이 잡혀서 방어진이 아니라 태화사와 신라 국제무역항을 지키기 위한 군사적 요충지로 왜구의 침입을 방어하는 진지 방어진이다.

신문왕의 효심이 가득 담긴 장중하면서도 단아한 3층 석탑을 뒤로하고 감포를 떠났다.

31번 도로를 따라 북쪽으로 향해 동해를 오른쪽에 두고 걸어가면서 푸른 바다를 눈으로 보고 가슴속에 깊이 담는다.

구룡포에서 1박을 하고 929번 2차선 해안도로를 따라 호미곶, 해맞이공원에서 점심을 먹고 호미곶을 돌아 영일만을 바라보며 서남쪽 방향 해안 길로 향했다.

흥한 보건진료소 앞에서 택시를 타고 포항제철소와 포항 시내는 건너뛰어서 칠포해수욕장에서 휴식을 취하였다.

다음 날 아침 칠포리에서는 20번 북쪽 도로이다. 이 도로를 따라 월포해수욕장을 지나 화진포해수욕장을 지나면 장사해수욕장이 나온다.

　이곳 영덕군 남정면 장사리는 6.25 사변 때 마지막 보루인 낙동강 전투가 한창일 때 장사 해변 쪽으로 미군과 함께 상륙작전을 펼쳐서 괴뢰군의 보급로를 차단하고 성동격서로 인천상륙작전을 눈치채지 못하게 한 한국전쟁사 최초의 상륙작전이었다.

　장사 상륙작전 전승 기념관을 뒤로하고 남호해수욕장을 지나면 삼사해상공원이 나온다. 이 삼사해상공원의 볼거리는 동해를 바라보는 멋진 경관과 아름답게 꾸며진 공원 그리고 천하제일 화문석이다.

　삼사해상공원을 지나 대게로 유명한 강구항에서 피곤한 몸을 누인다.

***

동해에 아침 햇살 쌍석탑 비치이면

가슴속 깊은 효심 수천 년 이어 오고

감은사 텅 빈 절 마당 길 찾는 이 서 있네

***

지나쳐 아쉬워서 발걸음 늦어지고

돌아서 다시 보니 갈 길이 너무 멀어

옛 임을 보고픈 마음 문수님만 염하네

스물일곱 번째 자락

　영덕 강구항을 출발하여 20번 해안도로를 따라 올라간다. 대탄리 영덕해맞이공원을 지나 한참을 걸어가면 경정교 다리에서 20번 도로가 갈라져서 해안도로 쪽으로 축산면 출장소와 우체국 쪽으로 나아간다.

　사진리를 지나 대진리로 들어서면 재미있는 거리 도로명 이름이 나온다. 건달길이란 도로명이다. 건달이란 빈둥대면서 놀고먹는 백수를 지칭하는 말인데 좋은 뜻으로 말하면 하늘과 통하는 통달한 사람 또는 신이다. 향과 음악을 주관하는 인도의 신으로 향기에 취해서 음악에 살고 있으니 얼마나 멋쟁이 신인가. 나도 그런 풍류를 아는 사람이 되고 싶다.

덕천 해수욕장을 지나면 고래불 해수욕장이 나오고 이곳이 병곡면 소재지이다. 이곳 해맞이 동산 근처에서 1박을 하고 출발한다.

백석리에서는 7번 국도 4차선 도로와 중복이 되는 2차선 해안도로이다. 후포항 해안도로를 따라 올라가면 용치곶의 표지석이 나오고 계속 따라 올라가면 월송정이 있다. 소나무 숲 넘어 바다가 보이는 해변의 정자가 월송정이며 관동팔경의 한 곳이다.

구산항 쪽으로 발걸음을 옮기며 해안도로를 따라 울진 비행장을 지나 기성면 소재지에서 8시간의 긴 여정을 멈춘다.

빨리 숙소에 들어가 족욕을 하고 싶다.

* * *

건달길 밟아 보세 천상과 교감하게

향 내음 그윽한 속 노래가 들려오는

도리천 수미산 언덕 그 어디에 있는가

* * *

용치곶 텅 빈 포구 석양 속 적막하고

들고 날 갈매기가 날갯짓 접어놓네

길 떠난 나그네 회포 무심히도 서럽다

* * *

녹색 꿈 솔밭 건너 동해를 가득 담고

청과 녹 경계에는 모래톱 굽이돌고

월송정 관동팔경이 그림 같이 서 있네

* * *

솔 향기 풍겨 오는 월송정 올라서서

동해를 바라보며 망중한 즐겨 보니

쉼이란 무엇인가 바람 소리 맴도네

 ## 스물여덟 번째 자락

　기성면 소재지를 출발하여 북으로 발걸음을 옮긴다.
　7번 국도 옛길 2차선 도로이다. 망향휴게소를 지나 덕신 해수욕장 쪽으로 917번 지방 도로이다. 한가한 해안도로를 따라 2시간을 걸어 올라가면 망향정이 나온다. 관동팔경의 한 곳인 망향정에서 바라본 동해는 최고의 절경이다.
　바람소리길을 돌아 왕피천을 건너서 울진읍에서 일박하고 현내항 쪽으로 가서 해안도로를 따라 북으로 올라간다.
　이곳 죽변항의 명물은 천연기념물 158호 향나무이다. 이 향나무는 서낭당 옆에 두 줄기로 힘차게 자란 수령 약 500년의 노거수이다. 바다와 땅이 하늘과 연결되어 향나무가 향기를 풍기고 그 옆에 서낭당이 있어 마을의 안녕과 바다의 풍어를 기원한다.
　두 줄기 향나무를 보며 나도 두 갈래 길을 생각해 본다. 자장율사 도보 답사 사릿길을 원덕에서 가곡천을 따라 태백 함백산으로 갈 것인가, 아니면 강릉까지 가서 진고개를 넘어 진부에서 정선 쪽으로 내려와서 내륙을 돌고 다시 오대산 쪽으로 북으로 갈 것인가를 고민하고 있다.

원덕까지 걸어가면서 생각해 보자.

덕천리를 지나 북면 소재지에서 3시간을 더 걸어서 원덕읍에 도착하였다. 원덕읍에서 휴식을 취하면서 두 갈래 길을 모두 가기로 정하였다.

동해 해파랑길을 따라 강릉을 지나 고성 통일전망대까지 이번 가을 순례를 끝내고 내년 봄에 원덕에서 시작하는 내륙지방 적멸보궁을 도보 답사하는 코스로 만행을 이어 가야겠다.

* * *

해풍에 들어 올린 겹처마 팔작 지붕

바람길 맴돌아서 망향정 올라서니

드넓은 바다 풍경을 꿈속에도 보겠네

* * *

하늘과 교감하는 신령한 죽변 향목

서낭당 성황님이 안녕을 기원하고

두 줄기 힘찬 기운이 갈래사로 가라네

 **스물아홉 번째 자락**

감자꽃이 수줍게 고개를 내미는 5월 중순이다.

지난가을 원덕에서 한 갈래 갈라진 자장 스님 사릿길을 이어서 시작한다.

동서울터미널에서 고속버스를 타고 원덕 호산까지 4시간을 달려서 도착하니 11시 40분이다. 이른 점심을 먹고 태백으로 출발하였다.

백두대간을 넘어 강원도 내륙지방에 산재하고 있는 적멸보궁을 찾아 나서는 순례의 길이다. 호산삼거리에서 416번 도로를 따라 태백으로 가는 이 길은 가곡천을 따라 서쪽으로 올라간다. 약 여섯 시간을 걸어서 풍곡리에서 1박을 하였다.

다음 날 아침 주인집 아저씨가 태백시 통리에 볼 일이 있어서 간다고 하시기에 그 트럭을 얻어 타고 통리까지 갔다. 꼬불꼬불한 동할 계곡 길을 지나 너와 마을과 미인폭포까지 구경시켜 주셨다.

강원도에 사시면서 자기 고장을 홍보하고 산을 사랑하는

멋쟁이 산 사나이 덕분에 도보길 하루 한나절은 단축할 수 있었다.

통리에서 약 1시간 반을 더 걸어서 태백 시내에서 휴식을 취하였다.

***

벚나무 꽃비 오는 날 산골짝 너와집엔

산나물 망태 메고 할머니 돌아오면

열려진 싸리문 뒤쪽 누렁이가 반기네

***

눈 오는 저녁 무렵 군불 땐 부뚜막에

강냉이 밥내음이 정지칸 가득 차면

너와집 아랫목 구들 따스함이 감도네

 ## 서른 번째 자락

　태백시는 높은 고산 지역 도시라서 그런지 더 일찍 해가 뜨는 것 같다. 새벽부터 일어나서 길 떠날 준비를 한다.
　기사식당에서 일찍 아침 식사를 하고 개나리 연립에서 태백산 금식 기도원 쪽으로 길을 잡아 나아간다.

약 1시간 정도 걸어 오투 골프장을 지나 고갯길이다. 아침 일찍 골프장까지는 승용차의 왕래가 있었는데 골프장을 지나 고갯길로 들어서니 차 한 대 다니지 않는다.

자동차의 통행이 없으니 마음이 편안해진다. 고개 언덕 길이지만 등 뒤에서 바람까지 불어 준다. 말 그대로 상쾌한 산소(O_2) 길이다.

태백선수촌을 지나 백두대간 허리에는 비포장 자연의 길 그대로이다. 북쪽으로는 함백산이 지척에 있고 태백산은 만항재를 지나 더 멀리 있다.

5시간을 걸어서 만항재에 오니 오전 11시이다. 점심을 든든히 챙겨서 먹고 414번 국도를 따라 서북쪽으로 내려가는 정암사 방향의 길이다.

야생화 소공원을 지나 정암사 계곡의 청량한 물소리를 들으며 정암사 일주문 앞에서 삼배를 올리고 적멸보궁 절 마당에 섰다.

적멸보궁 앞마당 한편에는 천연 주목 주장자가 자장 스님의 손길을 부르며 푸르게 자라고 있다.

자장 스님이 짚던 지팡이를 신표로 꽂아 둔 것이 껍질이 다 부서진 나목으로 자라며 회생하고 있으니 참으로 신기하다.

적멸보궁 안으로 들어가 부처님의 황금 방석을 향해 예배를 드리고 자장각으로 갔다. 자장 스님의 진영 앞에서 삼배의 큰절을 올리고 묵상에 잠겼다.

 자장 스님이 중국 오대산에서 모셔 오신 백여과의 부처님 진신사리를 경주 황룡사 9층 목탑과 통도사 금강계단, 울산 태화사에 삼분하여 봉안하였는데 어찌하여 스님은 삼국이 통일되기도 전 약 1,400년 전에 신라의 북방이고 가장 산간 오지에 석남원을 건립하고 수마노탑에 사리를 봉안하였을까? 그 사찰을 갈래사라 하였던 곳이 지금의 정암사다.

 사자산 법흥사 적멸보궁과 오대산 중대 사자암의 적멸보궁 또 설악산 봉정암의 적멸보궁을 모두 강원도 산간 오지에 창건한 까닭은 무엇일까?

 그 의문점을 지리적 여건과 설화 그리고 삼국시대의 세력 분포에 비추어 보아 하나씩 의문점을 풀어 보아야겠다.

 우선 시대적 배경과 지리적 여건을 살펴보자.

 신라가 삼국을 통일하기 전 약 20년에서 25년 사이 격변의 시기인데 신라가 한강 유역에 진출하여 지키는 동안 백제는 신라의 서남쪽인 덕유산을 넘어 지리산까지 진출하여 낙동강을 위협한다.

 고구려는 강원도 접경과 한강 유역을 방어만 하고 중국 당나라와 일전을 벌이는 시기이다.

신라에서는 강원도 지방 토호 세력인 호족과 백성들의 결속을 다지는 명분을 부처님 진신사리에 두고 각 지역 명당 터에 사리를 봉안하여 강원도 전역을 부처님 법신으로 형상화했다.

정암사에 수마노탑은 부처님이 가부좌로 앉아 계시는 남성의 상징 고추에 해당이 되고, 사자산 법흥사의 석분은 부처님의 배꼽에 해당이 되며 오대산 중대 사자암 적멸보궁은 가슴에, 설악산 봉정암의 불뇌 사리탑은 부처님의 머리에 해당이 되어 강원도 전역을 하나의 부처님 법신으로 형상화 시켰다.

이 네 곳에 모신 사리는 어디에서 모셔 오신 것일까?

이것은 잠시 숙제로 남겨 놓자.

자장 스님의 진영 앞을 물러 나와 수마노탑으로 자리를 옮긴다. 비탈길을 10여 분 올라가면 국보 332호 7층 모전 석탑이 건장한 모습을 드러낸다.

수마노탑에 삼배의 큰절을 드리고 주변 산세를 살펴본다. 백두대간 허리에서 갈라져 나온 두 갈래 산줄기가 수마노탑을 감싸며 부처님이 가부좌를 틀고 앉아 있는 형국이다.

신성한 돌의 남쪽, 그곳의 중심에 수마노탑이 있다.

이곳 지명이 재미있다. 갈래라는 지명과 고한이라는 지명이다. 갈래 있는 곳 아래 고환이 있으니 잘 형상화된 지명이다.

  자장 스님의 설화가 가장 많은 곳이 이곳 정암사이다.

  그 설화 이야기를 시작하여 보자.

  자장 스님이 당나라에서 돌아오실 때 서해의 용왕님이 스님의 신심에 감화되어 마노석을 배에 싣고 동해 울진포를 지나 신력으로 갈래산에 비장해 두었다가 이 돌로서 탑을 건축하였다 하여 마노탑이라 하였다. 물줄기를 따라 돌이 반입되었다고 해서 수 자를 앞에 붙여서 수마노탑이라 전한다.

  또 다른 전설로는 북쪽엔 금대봉 남쪽에 은대봉이 있는데 그 가운데 금탑, 은탑, 마노탑의 3보탑이 있다고 한다. 마노탑은 사람이 건축하였으니 세인들은 눈에 볼 수 있으나 금, 은탑은 자장 스님이 후세에 중생들의 탐심을 우려하여 중생들의 육안으로 볼 수 없도록 비장해 두었다고 한다. 금, 은탑 가상의 재화가 천사백 년이 지난 오늘날 강원랜드 카지노이다. 자장 스님의 깊은 뜻을 헤아리지 못하고 탐심에만 눈을 뜬다.

  다른 일설에 의하면 자장 스님이 사북리 불소 위에 불사리탑을 세우시려고 하였으나 그때마다 붕괴되어 간절히 기도하였더니 칡 세 줄기가 눈 위로 뻗어 나와 지금의 마노탑,

적멸보궁, 절터에 멈춰 서서 그곳에 탑과 보궁, 법당을 세우고 갈래사라고 하고 이곳 지명은 갈래라 하였다고 한다.

 자장 스님이 수항리 수다사에 머물고 계실 때 꿈에 기이한 승려가 나타나 대송정에서 보리라 하여 아침에 대송정에 가니 문수보살이 태백산 갈반지에서 만나자고 하고 사라졌다. 스님은 태백산으로 가 갈반지를 찾다가 큰 구렁이가 똬리를 틀고 있는 것을 보고 법력으로 퇴치하고 그곳을 파 보니 금, 은 보화가 나와서 그곳에 석남원을 창건하였다.

 이 설화들을 종합적으로 유추하여 보면 신라 왕실에서 재정적으로 많은 지원이 있었고 귀한 자재는 울산 태화사에서 뱃길을 따라 울진포 바로 위쪽 원덕에서 가곡천을 따라 뱃길로 태백 준령 아래까지 운반되었다고 추정할 수 있다.

 수마노탑에서 내려오면서 오른쪽 계곡 길은 '자장율사 열반길'로 이름 붙여졌다.

 이어서 자장 스님의 마지막 열반 설화를 소개하려 한다.

 스님이 노년에 석남원에 계셨을 때 시봉하는 행자가 스님에게 말하기를 떨어진 망포를 걸치고 망태에는 죽은 강아지를 넣고 와서 스님의 명호를 함부로 부르면서 만나자고 하니 "어찌할까요." 한다.

 스님은 돌려보내라 하고 만나 주질 않았다. 늙은 거지는 돌아가면서 망태 속 죽은 강아지를 절 마당에 팽개치니 사자로 변하였고 그것을 타고 가면서 "아상도 모르는 것이 어찌 나를 만나려 하는가." 하고 사라졌다.

그 소식을 들은 스님은 아차 싶어 사자를 타고 가 버린 문수보살을 찾으려 사라진 계곡을 따라 산으로 올라가 헤매다가 탈진하여 입적하셨다.

자장 스님은 석남원에서 문수보살과의 만남을 기다리다가 문수보살을 알아보지 못하고 열반에 드니 이로 인해 정암사 뒤편에는 자장 스님의 유해를 모신 바위굴과 조사전이 세워졌다.

스님의 진영을 모신 자장각 앞에 서서 인사를 드리고 정암사 계곡 물소리를 들으며 고한 쪽으로 개천을 따라 내려간다.

정암사에서 고한터미널까지는 약 6km이다. 1시간 반을 걸어서 고한 사북터미널 앞에서 숙소를 잡으니 오후 6시가 넘었다.

허기진 배를 달래고 빨리 편안한 휴식을 취해야겠다.

* * *

야생화 꽃길 따라 석남원 찾아가니

운무 속 묻힌 사찰 마노석 빛이 나고

불사리 힘찬 기운에 생명력을 더하네

***

만항재 올라서서 정선 땅 바라보며

갈래사 적멸보궁 문수님 지혜 찾고

갈라진 산줄기 중앙 수마노탑 서 있네

***

태백산 맑은 기운 금대봉 은대봉이

설화 속 금은 탑이 여기에 솟아 있고

정암사 적멸보궁이 마노탑을 지키네

***

한 호흡 고마워라 몸담은 사바세계

귀천해 만나 볼까 아쉬움 역력한데

생전에 다시 보고파 주장자만 내딛네

* * *

마노탑 건너서서 떠나는 반야 용선

자장님 노 저어서 도리천 건너가면

속세에 심어 둔 사리 불국토를 이루네

* * *

청량한 운판 소리 설화를 반추하고

죽비음 날 선 소리 망상을 깨우시네

나 어디 무엇을 찾아 행랑 꾸려 길 가나

 ## 서른한 번째 자락

　38번 도로는 중앙고속도로가 지나가는 제천에서 영월, 신동, 사북, 고한으로 연결된 4차선 국도다. 말이 4차선 국도이지 강원도 산간 오지의 준고속도로이다. 강원랜드 카지노 개장으로 이 도로도 4차선으로 시원하게 개통되니 전국 각지의 사람들이 도박하러 모여든다.

　고한, 사북 터미널 앞에는 전당포도 여러 개 보인다. 일확천금을 꿈꾸며 왔다가 모두 빈털터리가 되어 돌아가는 38번 도로다.

　정암사와 강원랜드의 거리는 10km 내외이다.

　수마노탑 전설의 자장 스님이 금, 은탑을 비장하여 두었는데 현대 사람들의 탐심으로 그 숨겨진 금은보화를 얻으러 왔다가 허탕 치고 가는 것 같다.

　고한 사북 터미널에서 고속버스를 타고 영월까지 갔다. 38번 4차선의 도박에 짓눌린 길을 걸어가는 것이 의미가 없어 버스를 탔다. 40분간 승차 시간인데 이틀간 일정을 단축하였다.

영월에서 내려서 아침 식사를 하고 영흥리 쪽 31번 도로를 따라 걸어간다. 곤충박물관을 지나 삼거리에서 왼쪽 길로 평창강을 끼고 내려간다. 북상리에서는 오른쪽 도로 88번 길로 들어선다.

전말에서 배일재를 넘을까 터널로 갈까 고민하다가 터널로 직행했다. 터널로 걸어가는 것은 거리와 시간은 단축되지만 소음 공해와 더불어 위험하니 조심하여야 한다.

배일터널을 나와서 30분 더 걸어가면 작은 터널이 하나 더 나온다. 여기서 조금 더 가면 영월 미디어 기자 박물관이 있다. 폐교를 리모델링하여 박물관으로 활용하고 있다. 한국일보 사진 기자 출신의 고명진 관장이 개관한 미디어 기자 박물관이다.

광전대교를 지나 당마루 휴게소에서 약 4시간 일정을 마치고 일찍 휴식을 하였다.

다음 날 아침 피곤하여 늦장을 부렸더니 9시가 넘었다. 그저께 태백에서 정암사, 고한 코스가 너무 무리한 것 같다.

88번 국도를 따라 한반도면 소재지를 지나 주천면 쪽으로 길을 잡았다. 약 2시간 반을 걸어서 주천강이 내려다보이는 쉼터 공간에서 휴식을 취했다. 도통 일어나기가 싫어진다.

아무도 없는 쉼터 벤치에 누워 다리 운동도 하고 간식도 먹으면서 당분을 보충하였다. 약 4km를 더 걸어서 주천면 소재지에 도착하여 점심을 먹고 숙소를 잡았다.

***

사릿길 찾아 나선 환희심 앞세우고

길 따라가는 길손 말없이 걸어가네

가슴속 연이은 상념 그 어디서 끝나나

서른두 번째 자락

　주천 숙소에 큰 배낭을 맡겨 두고 작은 가방에 간식거리와 김밥을 챙겨 넣고 가벼운 행장으로 길을 나섰다.
　82번 도로를 따라 조금 올라가서 왼쪽으로 무릉도원면 쪽 주천강 강둑을 따라가면 요선정과 요선암을 지나 호야지리박물관이다.
　사자산과 백덕산에서 발원한 물은 법흥계곡을 따라 주천강과 합류한다. 법흥계곡을 따라 올라가면 오토캠핑장과 펜션들이 계곡 경치 좋은 곳에 자리를 잡고 있다.

법흥사 일주문에 도착하니 점심시간이다. 속보로 걸어 약 4시간이 걸렸다. 일주문에서 1km를 더 올라가면 법흥사 주차장이 있다.

계단을 올라가 금강문과 원음루를 지나 절 마당에서 주변 산세를 둘러본다. 사자산을 중심으로 백덕산과 구봉산에 둘러싸여 편안한 느낌을 준다. 작은 능선 사이로 적멸보궁 올라가는 길은 잘 정비된 언덕길이다.

보궁에 들어가 황금 방석을 향해 108배의 큰절을 올렸다. 적멸보궁을 나와서 뒤쪽 석분 앞에서 사리 부도탑을 향해서 절을 올리고 한쪽에 앉아서 호흡을 조절하고 기도하였다.

사자산의 중심이 되는 석분은 사자 배꼽에 해당하는 지형으로 이곳은 자장 스님께서 고골관을 수행한 수행처로 부처님 진심사리를 모신 곳이다.

스님께서는 신라의 전 국토를 부처님 법신으로 만드는 작업을 하시며 항상 문수보살을 친견하고 싶어 하였다.

문수보살은 사자를 타고 다니는 지혜와 용맹의 상징으로 자장 스님도 문수보살처럼 지혜와 용맹을 담고 싶었을 것이다.

석분 앞에서 1시간 이상 앉아 기도를 하니 석분의 작은 석문으로 들어가고 싶어진다.

빨리 망상을 지워 버리고 사리 부도탑에 인사를 드린 후 사자산문 흥녕선원(법흥사)을 내려왔다.

　15년 전 구봉대산과 백덕산을 등산하였을 때를 생각하고 일주문 밖 사하촌에서 동네 주민들과 만나 백덕산 사거리 재에 대하여 물어보니 아는 사람이 한 명도 없었다.

　백덕산 사거리 재는 법흥사에서 평창으로 가는 지름길로 영월로도 통하고 안흥 쪽으로 연결되는 사거리의 중요한 도보길 고개였다. 이 고개 지름길로 자장 스님은 진부 수다사에서 법흥사까지 수십 번 왕래를 하였을 것이다. 지금은 잊힌 옛길이다. 자동차 찻길이 구석구석 연결이 되니 모두가 편한 세상이다.

　법흥사에서 주천까지 나오는 길은 마을버스를 이용하여 오후 6시에 주천에 도착하여 주천에서 하룻밤을 더 유숙하였다.

* * *

사자산 품 안에서 구봉산 바라보니

백덕산 덕을 쌓아 천여 년 보듬었네

옛터전 사자산문에 법흥사가 빛나네

* * *

문수님 지혜 찾아 혜안에 눈을 뜨고

사자산 석분 속에 고골관 수련하여

끝없는 인연의 법칙 중심으로 모으네

서른세 번째 자락

　주천면에서 82번 도로를 따라 평창 읍내까지는 약 6시간을 평창강을 따라 내려가는 길이다.
　아침 7시에 주천을 출발하여 영월 화석박물관을 지나 대하리와 대상리는 평창강을 따라 휘돌아진 길이다. 도돈리를 지나 왼쪽 길로 나아가면 약수리이다. 이젠 평창 읍내가 지척이다.

6시간을 예상하고 걸었는데 2시간이 더 걸려서 오후 3시에 평창에서 숙소를 잡았다.

오후부터는 하늘이 잔뜩 흐려져 있다. 주말마다 비가 오더니 내일은 일요일인데 하루 휴식을 하라고 비 님이 오실 모양이다. 다음 날 아침 11시까지 비가 오락가락한다.

걸어서 출발하지 못하고 버스를 이용하기로 했다. 평창에서 진부까지는 버스 노선이 하루 두 번뿐이라서 시간대가 맞지 않는다. 평창에서 장평으로 가서 장평 버스터미널에서 진부로 갔다. 진부 버스터미널 앞에 숙소를 정하고 늦은 점심을 먹었다.

식당 사장님께 택시 차부 위치를 알아 놓고 택시 기사님들을 만나러 갔다. 여러 기사님 중 한 분이 수다사지는 모르지만 수항리 절터라 하니 금방 알아듣는다. 그분과 같이 내일 오전 9시에 출발을 약속하고 명함을 받아 왔다.

다음 날 택시를 타고 수항리 절터 입구에 내려 주셨다.

오대천을 끼고 약간 높은 구릉지대에 넓은 감자밭이 있고 강 쪽 감자밭 한편에 오래된 석탑 하나만 묵묵히 자리를 지킨다.

축구장 두 개 내지 세 개 정도 크기의 감자밭이 옛날 수다사의 가람터이니 사찰의 사세를 미루어 짐작해 본다.

1983년 이곳에서 태백곡 수다사라고 쓰인 와편과 촛대 부속구와 금고가 발굴되어 수다사로 확정되었다. 이곳 수다사는 자장 스님이 신라 전 국토를 부처님 진신사리로 법신화하는 적멸보궁을 건립하는 데 중심 사찰의 역할을 하였다.

묵묵히 서 있는 석탑을 뒤로하고 수다사지를 떠났다. 진부 쪽 59번 도로로 길을 잡으며 오대천을 거슬러 올라간다.

마평리에는 두 개의 터널이 있는데 터널 길이 싫어서 우회도로로 돌아서 청심대에서 신기를 지나서면 진부이다. 약 12km 거리이다.

3시간은 걸어서 진부에 도착하니 오후 2시다.

오늘은 택시 기사님 덕분에 수항리 수다사 절터를 쉽게 찾아서 일찍 일정을 마쳤다.

* * *

오대천 맑은 물에 비춰진 수항 계곡

폐사지 언덕 위엔 감자꽃 웃음 짓고

홀로 선 삼 층 석탑에 세월 무게 더하네

***

폐사지 사찰 이름 흙 속에 묻어 두고

촛대와 청동 쇠북 역사 속 징표 되니

잊혀진 수항리 절터 수다사라 칭하네

서른네 번째 자락

　새벽 5시에 기상하여 일찍부터 길 떠날 준비를 한다. 혼자이지만 김밥 2인분, 베지밀 두 개, 연양갱 두 개, 사탕 등 간식까지 편의점에서 넉넉하게 준비하고 길을 나섰다.

　59번 도로를 따라 진부교회를 지나 영동고속도로 밑을 통과하여 월정교를 지나면 59번, 6번 도로 왼쪽 길이다. 오대산국립공원 관리사무소에서 왼쪽 길 월정사 이정표를 보고 가면 된다.

　월정사 전나무숲을 지나 절 마당에 들어서면 8각 9층 석탑과 함께 석조 보살좌상이 가슴에 와닿는다. 9층 석탑을 향해 무릎을 꿇고 앉아 있는 우아한 모습이다.

월정사를 나와 선재길로 들어섰다. 오대천을 따라 상원사로 올라가는 구도의 길이다. 선재길 출렁다리를 지나 상원사 주차장에 도착하니 오후 1시이다. 약 6시간을 걸었다. 힘들지만 중대 사자암 적멸보궁까지는 40분이면 족하다.

관대거리 매점에서 천천히 휴식을 취하고 상원사로 향했다.

조선 시대 세조의 전설이 있는 고양이 석상을 마주 보고 문수전으로 들어가 삼배의 큰절을 올리고 사자암 적멸보궁으로 올라갔다. 사자암에서부터는 돌계단 길이다. 돌계단을 올라가면 적멸보궁이다.

이곳 오대산 적멸보궁은 동대산에서부터 두로봉, 상왕봉, 비로봉, 효령봉으로 이어진 산줄기 중앙인 중대에 부처님 진신사리를 모신 곳이다.

고산준령이 양쪽 팔 모양을 하고 가슴을 둘러싸고 있는 형국이다.

자장 스님은 이곳이 부처님 법신 중 한 곳임을 알고 가슴에 해당이 되니 진신사리를 모시고 사자암을 지어 적멸보궁을 보위하게 하였다.

오대산 중대 적멸보궁에는 주변 지형지물이 사자를 상징하는 천연 지형지물이 없어서 사자암을 건립하여 문수보살의 사자를 대신하였고, 법흥사 적멸보궁은 보궁 그 자체가 사자산에 봉안된 것이고 설악산 봉정암 사리탑의 적멸보궁은 사자바위가 힘찬 기운을 포효하며 사리탑을 호위한다.

　태백산 정암사 수마노탑을 중심으로 볼 때 북쪽 세 곳의 적멸보궁은 문수보살의 사자와 같은 지형지물과 연관되어 부처님 법신을 호위하게 하여 백성의 뜻을 한곳에 모은 것이고, 수마노탑 남쪽 세 곳은 경주 황룡사, 양산 통도사, 울산 태화사는 모두 용을 상징하는 설화와 연결되어 있다.

　경주 황룡사는 궁궐터를 조성하는 중에 황룡이 나타나 궁궐을 포기하고 황룡사를 창건하였고, 양산 통도사는 구룡신지가 있어 한 마리 남은 용이 적멸보궁을 지켜 주고 울산 태화사는 자장 스님이 중국 오대산 태화지에서 용과 약속하여 경주 남쪽에 사찰을 건립하기로 한 절이다.

　이 세 곳의 사찰은 모두 용과 연관이 되어 왕권을 상징화하고 왕실의 안녕과 재정을 복되게 기원하던 곳이다.

　자장 스님은 남쪽에서는 왕실의 안녕을 기원하고 북쪽에서는 백성의 안녕과 결속을 다졌다고 유추할 수 있다.

　오대산 중대 적멸보궁을 관리하시는 거사님에게 부탁하여 자장율사 사릿길 도보 답사 삼각 깃발을 들고 사진 촬영을 하고 적멸보궁 안으로 들어가 삼배의 큰절을 올렸다.

　적멸보궁의 법당은 이중 구조로 지어진 건물로 겉집 안에 속집이 있는 아주 특이한 구조다. 이중 구조의 법당을 유심히 살펴보고 부처님 황금 방석을 향해 작별 인사를 드리고 보궁을 내려왔다.

상원사에서 진부로 나오는 길은 상원사 주차장에서 버스를 타고 진부 터미널에 도착하여 어제 숙박하였던 곳에서 다시 짐을 풀었다.

* * *

전나무 숲 사잇길 보살님 찾아가니

탑 앞에 꿇어앉아 무엇을 기도하나

두 손을 모아진 자태 가슴 속에 와닿네

* * *

월정사 새벽 안개 가르는 목탁 소리

새벽달 교교하게 산사를 비추는데

도량석 청정한 도량 천여 년을 이었네

* * *

가슴에 품은 사리 부처님 숨결 담고

비로봉 높은 뜻은 법신불 그대로고

문수님 지혜 광명이 적멸보궁 지키네

* * *

선재길 걸음걸음 한 걸음 지혜롭게

청정심 일으켜서 두 걸음 깨어 있게

날마다 환희심 가득 걸어가게 하소서

서른다섯 번째 자락

　오대산 국립공원 관리사무소 앞에서 출발한다. 어제 월정사로 가면서 지나갔던 곳이다.

　오늘은 6번 도로를 따라서 백두대간인 진고개를 넘는 길이다. 이 도로는 아주 한적한 길이다. 이 길을 이용하는 사람들은 백두대간을 종주하거나 노인봉을 등산하는 분들이고 가끔은 연곡면과 주문진으로 통행하는 사람들이다.

　은근히 올라가는 오르막길을 2시간 반가량을 걸으니 고개 정상인 백두대간 진고개 휴게소이다. 휴게소에서 간식을 먹고 출발하니 진고개를 내려가는 내리막길이다.

 약 2시간을 내려가서 송천 약수터에서 약수를 먹고 다시 길을 나선다. 이곳 약수는 철분이 많은 약수로 위장병에 좋다고 한다.

 약수터를 나와서 삼산리를 지나 연곡천을 따라 계속 내려가니 장천 유원지이다. 아침 7시에 출발하여 오후 2시니 대강 7시간을 걸었다.

 장천 유원지에서 1박을 하고 주문진으로 출발하였다. 이 6번 도로는 장천 유원지 소금강 입구에서부터는 4차선 도로이다. 연곡천을 따라 동쪽으로 3시간을 걸었다. 연곡 농협 저장고에서 조금 위쪽 왼쪽 길은 2차선 도로로 주문진으로 가는 지름길이다.

 장덕고개를 넘어 성황동에서 동해고속도로 다리 밑을 지나 교황리에서 주문진 버스 터미널을 물어서 찾아갔다.

 오후 1시가 넘어서 점심 식사 후 버스를 타고 양양 버스 터미널까지 갔다. 주문진과 양양 코스는 작년 가을 동해 해파랑길을 가면서 지나갔던 길이어서 버스를 이용하였다. 양양에서 시내버스를 갈아타고 오색온천에서 내렸다.

 오색에서 1박을 하고 아침 7시에 택시를 타고 한계령까지 갔다. 한계령 휴게소 산행 입구 돌계단에 올라서니 만감

이 교차한다. 이제 마지막 하나 남은 봉정암 적멸보궁을 도보 순례하는 입구에서 있으니 말이다. 이제 도보 순례의 마지막 여정에서 하나 남은 적멸보궁의 입구에 서 있으니 무슨 말로 표현할지 참으로 감개무량하다.

지난 3년간 봄, 가을 때마다 시간을 내어 자장율사 부처님 진신사리 길을 찾아서 도보 답사를 하는 고행이야말로 일흔도 넘어 노년에 얻은 생명의 불꽃이 되고 환희로 가득 차올라 내 삶의 동력이 되었다.

탐방지원센터를 지나 가파른 서북 능선에 올라서면 백두대간 쪽으로 가는 길이다. 소싯적 설악산 등산은 항상 가슴이 설렜다. 비선대 천불동 계곡, 장수대 대승폭포, 백담산장에서 수렴동 계곡 봉정암, 한계령에서 대청봉 오색, 휘운각에서 공릉 능선까지 여러 곳을 두루 다녔지만 어느덧 나이 70을 넘긴 지금은 장거리 암봉 산행은 매우 조심스럽다. 자장 스님의 봉정암 적멸보궁 구도의 길을 조심스럽게 따라 올라간다. 4시간 반이 걸려서 중청봉까지 왔다. 예전에는 중청 대피소가 있어서 여러 번 숙박을 한 곳이지만 지금은 폐쇄되었다.

중청에서 오른쪽은 대청봉 방향이고 왼쪽은 소청봉이다. 소청봉에서 약 40분 내려가면 봉정암이다. 5시간을 넘게 산행하여 봉정암에 도착해서 종무소에 들러서 보름 전에 예약하여 둔 숙소를 배정받고 배낭을 풀어 놓고 적멸보궁 법당으로 갔다.

예전에 있던 구 법당 위에 새로 지은 건물이다. 대형 유리창을 넘어 부처님 뇌 사리를 모신 5층 석탑이 보인다. 황금 방석을 향해 삼배의 큰절을 드렸다.

법당을 나와 5층 사리탑으로 발걸음을 옮겼다. 사리탑에 예배를 드리고 무릎을 꿇고 앉아서 감사의 기도를 올렸다.

영광 법성포에서 설악산 봉정암까지 무사히 도보 순례를 할 수 있게 도와주신 모든 분에게 감사의 기도를 드렸다.

사리탑에서 10분 거리에 있는 사자바위로 갔다. 사자가 이빨을 드러내고 포효하면서 5층 사리탑을 호위하고 있다.

이곳 풍경이 아주 절경이다. 장쾌하게 펼쳐지는 암봉과 계곡 절벽은 가슴 서늘한 고도감과 함께 아찔한 풍경이다.

요사채 숙소로 돌아와서 잠시 휴식을 취하고 오후 5시 반에 저녁 식사를 하였다. 봉정암 미역국의 맛은 담백함이 최고이다.

저녁 식사를 마치고 두꺼운 파카를 챙겨 입고 5층 사리탑으로 갔다. 날씨가 흐려서 저녁 낙조는 볼 수 없었다.

108배 절을 하고 앉아서 명상에 들어갔다.

자장 스님은 부처님 머리 형국인 정수리에 뇌 자리를 봉안하고 5층 석탑을 세워 형상화된 부처님 법신을 완성하였다. 1,400년 전 신라의 전 국토를 불국토로 만들어 일반 백성의 가슴속에 부처님을 다시 태어나게 하셨다.
　밤 9시가 되어서 5층 사리탑에서 내려와 아들에게 전화해서 내일 백담사 셔틀버스 정류장에서 12시경에 만나자고 약속을 정하고 숙소에 왔다.
　1인당 잠자리 면적은 길이 220cm 폭 70cm 정도로 겨우 몸만 누일 수 있다. 이 작은 공간도 나에게는 감사하다.
　해발 1,244m의 높은 봉정암에서 부처님 진신사리와 함께 있는 것만으로도 행복하다. 모든 것은 마음먹기 나름이다.
　잠자리에 누웠지만 잠이 오지 않는다.
　자장 스님이 부처님 머리와 가슴 배꼽과 수마노탑에 봉안한 사리는 어디에서 가지고 오신 것일까? 그 마지막 의문점을 생각해 본다.
　자장 스님이 중국 당나라에서 모셔 오신 사리를 삼분하여 황룡사 9층 목탑과 통도사 금강계단과 울산 태화사에 봉안하셨는데, 황룡사 9층 목탑 심초석에 사리가 발굴되고 통도사 금강계단에 사리가 보관되어 있으니 사리가 없는 곳은 울산 태화사 석종형 십이지상 사리탑 부도뿐이다.

이 사리탑 부도의 감실은 사리를 보관하기도 쉽고 꺼내기도 쉬운 구조이다.

사리탑 부도에 새겨진 십이지상은 방위와 시간을 수호하는 십이지상으로 필요한 때가 되면 감실에서 사리를 꺼내서 명당의 방위에 다시 보관할 수 있다는 것을 암시해 주는 것 같다.

자장 스님은 태화사 석종형 십이지상 사리탑 부도의 감실에서 부처님 진신사리를 꺼내서 지금의 강원도 쪽에 있는 네 곳의 명당자리에 진신사리를 안치하고 적멸보궁을 세우셨다.

감실이 비워져 버린 12지신 사리 부도탑은 태화사 남쪽 반탕골 양지쪽에 묻어 두고 울산을 떠나서 진부 수다사에 주석하셨다.

1,400년 전 자장 스님의 부처님 진신사리 길을 따라 시간여행을 하면서 봉정암에서 행복한 하루 휴식을 취한다.

* * *

눈매골 깊은 산 속 봉황이 날아드니

굽이 돈 백두대간 품 안에 자리 잡고

불사리 청정한 기운 봉정암을 휘감네

* * *

한계령 올라서서 동해를 바라보며

지나온 발걸음을 되짚어 생각하고

초발심 굳건한 마음 다시 한번 따지네

서른여섯 번째 자락

새벽 5시.

한 사람이 부스럭하며 일어나기 시작하니 너도나도 모두 일어나서 짐을 챙긴다. 나도 일어나 세면장으로 달려갔다. 비누와 치약이 사용 금지된 곳이다. 5월 말인데 물이 너무 차서 손이 시리다. 간단히 세수를 마치고 5층 사리탑으로 가서 하직 인사를 드렸다. 오늘이 도보 답사 마지막 날이다.

천천히 조심해서 하산하자고 다짐하면서 5층 사리탑을 내려와 아침 식사를 하려 공양간으로 갔다. 미역국에 아침 식사를 하고 배낭을 챙겨서 6시에 봉정암 적멸보궁을 뒤로 하고 백담사 쪽으로 길을 나섰다.

사자바위가 있는 봉우리를 옆에 두고 내려가는 길은 해탈 고개의 내리막길이다. 이 길은 등산객이나 봉정암 순례자들이 가장 힘들어하는 깔딱고개이다.

해탈 고개를 조심스럽게 내려와 한참을 가면 쌍용폭포이고 더 내려가면 용소폭포이다. 용소폭포를 지나면서부터는 계곡물이 모여 소나 담을 이루며 물 빛깔이 옥빛으로 빛난다. 계곡을 따라 내려가면서 맑고 투명한 옥색 물빛을 보니 마음이 맑아진다.

수렴동 대피소를 지나 영시암에서 휴식을 취한다. 이곳 영시암은 오고 가는 길손을 위해서 큰 보온병에 끓인 물을 넣고 일회용 커피를 마실 수 있도록 준비해 놓았다. 작은 배려이지만 고맙고 감사한 일이다.

영시암에서부터는 길도 넓고 평탄한 하산길이 백담사 탐방 지원센터까지 이어진다. 5시간이 걸려서 백담사에 도착하니 11시이다.

서기 647년 이곳 내설악 수렴동 계곡 입구에 자장 스님은 한계사를 건립하고 이 사찰에서 설악산 봉정암 적멸보궁을 건립하는 전초 기지로 삼았을 것이다.

이 한계사는 백담사의 전신이다.

자장 스님의 행적과 부처님 진신사리 길을 따라 도보 행로의 순례는 백담사에서 마무리하고 셔틀버스를 타고 용대리 버스 주차장에서 아들과 아내를 만났다. 서로 반갑게 반겨 주는 14일 만의 상봉이었다.

황태해장국으로 점심을 먹고 진부령을 넘어 고성 건봉사를 승용차로 이동하였다.

작년 가을 울산에서 시작하여 원덕을 지나 동해 해파랑길을 따라 고성 통일전망대까지 가면서 평화의 길을 지나 금강산 건봉사까지 도보 답사를 하였던 곳이다.

금강산 건봉사는 임진왜란 중 승병들의 훈련소였으며 통도사에 보관 중인 진신사리를 왜군에게 강탈당했다가 사명대사가 일본으로 가서 다시 돌려받은 후 건봉사에 사리를 봉안하였다.

그 부처님 사리를 유일하게 친견할 수 있는 곳이 건봉사이다. 지난 3년간 법성포에서 시작한 사릿길 도보 답사를 부처님 진신사리를 친견할 수 있는 사리 앞에서 회향하고 싶었다.

사리를 모신 전각인 보안원 안으로 한 사람씩 들어가 삼배를 하고 사리를 친견하고 물러 나와 적멸보궁으로 올라갔다. 이곳은 한가하다. 사리탑 앞에 앉아서 기도를 드리며 회향을 마음속 깊이 한다.

모든 분이 불성의 향기를 맡으며 작은 한 걸음이라도 부처님 앞으로 나아가시기를 기원하며 자장율사 부처님 진신사리 길 도보 답사 순례길을 마친다.

* * *

내설악 깊은 계곡 골골이 모여들어

수렴동 맑은 물은 청량한 옥빛 마음

모여진 불성의 향기 끝이 없이 흐르네

***

금강산 남쪽 자락 산허리 감돌아서

건봉사 염불 소리 천상과 맞닿았고

불사리 찾아온 길손 보안원에 서 있네

***

어디서 무엇 찾아 길 위에 서 있는가

길 잃은 길손처럼 망연히 서성이며

이 길이 끝나게 되면 문수님을 만날까?